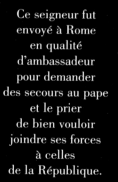

Ce seigneur fut
envoyé à Rome
en qualité
d'ambassadeur
pour demander
des secours au pape
et le prier
de bien vouloir
joindre ses forces
à celles
de la République.

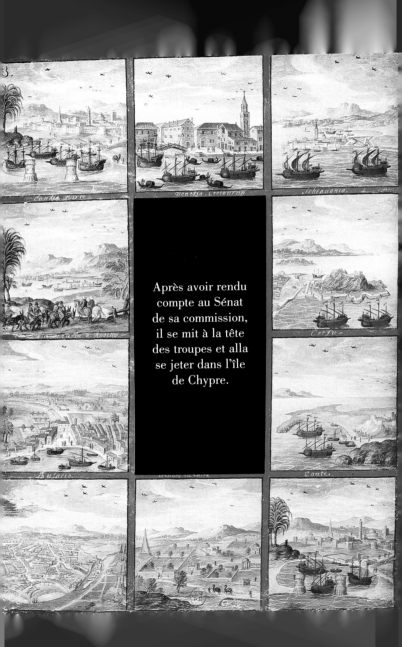

Après avoir rendu
compte au Sénat
de sa commission,
il se mit à la tête
des troupes et alla
se jeter dans l'île
de Chypre.

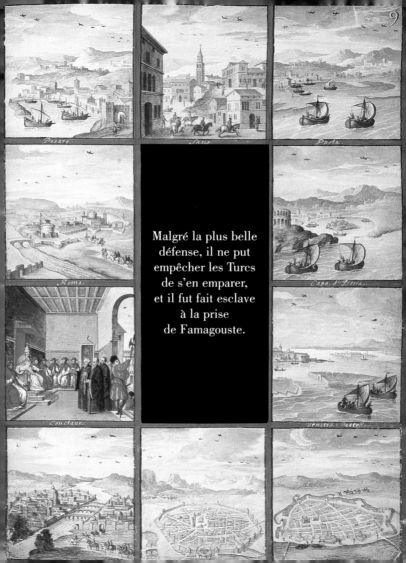

Malgré la plus belle
défense, il ne put
empêcher les Turcs
de s'en emparer,
et il fut fait esclave
à la prise
de Famagouste.

Son âge
et ses infirmités
engagèrent
son maître
à le vendre
à des marchands
chrétiens. Après
bien des traverses,

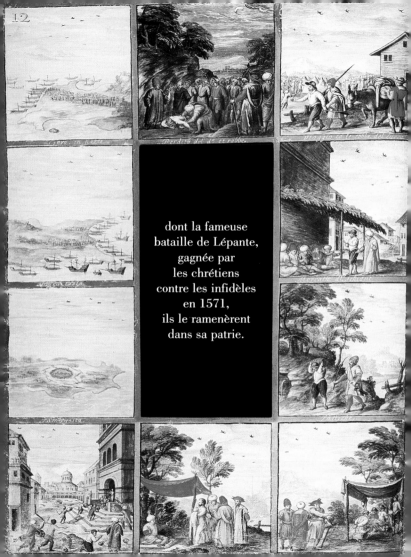

dont la fameuse
bataille de Lépante,
gagnée par
les chrétiens
contre les infidèles
en 1571,
ils le ramenèrent
dans sa patrie.

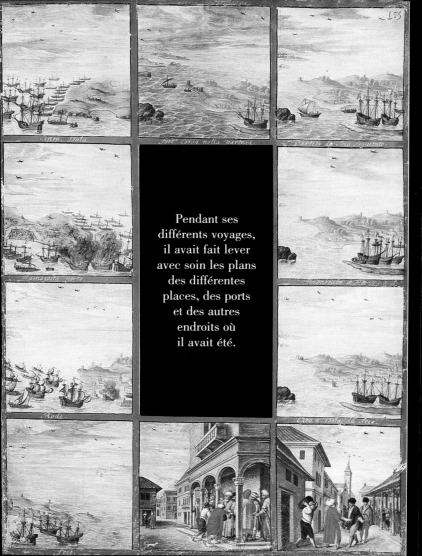

Pendant ses
différents voyages,
il avait fait lever
avec soin les plans
des différentes
places, des ports
et des autres
endroits où
il avait été.

_14._

_Miceno. Castello._

_Piacie St. Marco._

_Ariuo à Casa._

_Ariuo à Vene._

_Officio della Sanita._

Sept ans après
son retour,
il les fit peindre,
ainsi que
les principaux
événements
de sa vie,
par les plus
habiles gens.

_Strongillo._

_Parenso Isola distria._

# SOMMAIRE

# VENISE
# LA SÉRÉNISSIME ET LA MER

André Zysberg et René Burlet

DÉCOUVERTES GALLIMARD
HISTOIRE

Le jour de l'Ascension, Venise célèbre le mariage de son doge avec la mer. Le chef des Vénitiens s'embarque sur le *Bucentaure*, la galère de parade de la Sérénissime et, en présence du peuple, des dignitaires de la République et des ambassadeurs étrangers, il jette un anneau d'or dans l'Adriatique. Le geste du doge renouvelle chaque année l'alliance de Venise avec la mer.

**CHAPITRE PREMIER**

# L'IRRÉSISTIBLE ASCENSION D'UNE RÉPUBLIQUE MARITIME

Venise s'est développée sur un archipel au milieu des lagunes, où des communautés fuyant les invasions lombardes s'installèrent vers la fin du VIᵉ siècle. Respectée, jalousée, admirée, elle a joué dans l'Europe médiévale un rôle comparable à celui d'Athènes dans la Grèce classique. Au seuil de la Renaissance, elle apparaît toujours à l'apogée de sa gloire.

Au nord-est de l'Italie, entre les deltas du Pô, de l'Adige, de la Brenta, de la Piave et de l'Isonzo, s'étalait une vaste zone marécageuse, dont les lagunes communiquaient avec la mer par des brèches ouvertes dans les flèches littorales, qui laissaient aller et venir les marées. C'est là, sur les affleurements rocheux, les archipels de boue et de roseaux, que s'établirent des communautés éparses : les premiers Vénitiens, vivant du produit de la pêche et des salines, qu'un serviteur du roi Théodoric comparait à des «oiseaux aquatiques».

Ce n'est qu'après coup, avec le travail des hommes pour entretenir les chenaux et élever les digues, que l'on découvrira les avantages de la position vénitienne, à mi-chemin de l'Occident latin et de l'Orient grec ou musulman (vue de Venise ci-dessous).

L'adoption de saint Marc comme protecteur de Venise ne doit rien au hasard. Le lion de l'Évangéliste symbolise l'alliance de la connaissance et de la force. Le culte de saint Marc relie Venise à Alexandrie, c'est-à-dire à l'un des terminaux essentiels du commerce vénitien. Enfin, c'est à l'époque du transfert des reliques du saint que le doge s'installe sur le Rivoalto, où s'édifiera le premier noyau urbain de Venise.

Venise n'existait pas encore, ou plutôt son identité semblait mal définie, partagée entre les différentes cités lacustres créées depuis le VIᵉ siècle par les réfugiés venus de la Terre Ferme. En 810, l'installation du doge Angelo Partecipazio sur le Rivoalto, au centre de la lagune, apparaît comme l'événement fondateur de Venise.

Une quinzaine d'années plus tard, deux marchands vénitiens remettent au doge les reliques de saint Marc, qu'ils ont dérobées à Alexandrie. Ce pieux larcin réalise la légende  qui racontait que l'évangéliste avait fait naufrage dans la lagune, alors qu'il se dirigeait vers Aquilée (au nord de Venise). Pressé par la tempête, saint Marc aurait trouvé refuge sur une des îles du Rivoalto. Son corps devait y retourner, à l'endroit même où il s'était reposé, pour assurer la prospérité de la future Venise. Il ne reste plus qu'à achever la basilique que l'on bâtissait déjà en face du palais des Doges pour y placer les ossements de saint Marc, qui devint le patron de Venise.

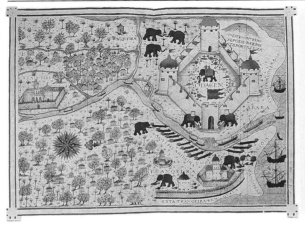

## Venise importe d'Orient des produits rares et chers qu'elle revend à prix d'or en Occident

La présence des deux marchands amateurs de reliques dans la cité d'Alexandrie au début du IXe siècle révèle que Venise s'est déjà lancée hardiment dans le commerce maritime de grande envergure. Du fond de l'Adriatique, ses navires cinglent en direction du levant.

Le commerce avec l'Orient est une mécanique complexe et fragile, nécessitant une connaissance parfaite des marchés, des fluctuations politiques, et la rémunération de multiples intermédiaires sans lesquels les produits n'arriveraient jamais à bon port. Les Vénitiens sont passés maîtres dans ce jeu subtil, se substituant peu à peu aux marchands byzantins qui leur avaient souvent ouvert la voie. À Constantinople même, les négociants vénitiens deviennent les principaux clients et fournisseurs de la grande métropole du Bosphore. L'empereur – le *basileus* – a besoin d'eux et de leur marine de guerre pour s'opposer aux ambitions des Normands qui, déjà maîtres de la Sicile et de l'Italie du Sud, convoitent la Grèce et l'Albanie.

En récompense de ses bons et loyaux services, le doge de Venise reçoit de l'empereur, en 1082,

Les marchandises des Indes, de Malaisie et de Chine accomplissent un long chemin pour aboutir aux comptoirs de Syrie et d'Égypte. Les boutres des marins arabes, pleins d'épices, remontent la mer Rouge jusqu'au port de La Mecque. Puis les ballots sont pris en charge par les caravanes chamelières qui traversent le désert d'Arabie pour les entreposer dans les fondouks d'Alexandrie ou de Damas. Si Marco Polo est allé jusqu'en Chine en 1275, il n'est pas encore question de se procurer directement les produits de l'Extrême-Orient. Les navires ibériques (sur la carte à gauche) traceront plus tardivement les nouvelles routes, court-circuitant les intermédiaires vénitiens et arabes.

le chrysobulle (la bulle d'or) qui accorde, entre autres privilèges, d'exceptionnels avantages douaniers aux marchands du Rivoalto dans toute l'étendue de l'Empire byzantin. Les Vénitiens ne paient aucune taxe, là où les sujets mêmes de l'empereur doivent acquitter dix pour cent de droits.

### Guerre, commerce et diplomatie : tous les moyens sont bons pour bâtir la fortune de Venise

Au cours de l'irrésistible ascension de cette république maritime, l'habileté, sinon le cynisme, de ses ambassadeurs et la force de sa marine de combat importent autant que le savoir-faire des marchands et des navigateurs. Il faut d'abord entretenir les meilleures relations avec les États les plus puissants, afin de se ménager des privilèges commerciaux et de veiller à l'indépendance de la cité. Les traités conclus aux IXe et Xe siècles avec le *basileus* et l'empereur germanique sont complétés par d'autres fructueux accords avec les princes musulmans d'Afrique du Nord, de Syrie et d'Égypte. Vis-à-vis de ses concurrents directs, la politique vénitienne se montre brutale, agressive. À coups de pillages, de destructions et d'expéditions punitives, Venise établit

Des produits alimentaires et matières premières aux objets précieux, le commerce vénitien forme un tout. Les mêmes hommes spéculent sur les grains, écoulent discrètement des matériaux stratégiques (tels le bois et le fer), emmagasinent les épices et les étoffes de luxe dans leurs entrepôts du Grand Canal ou vendent aux enchères des esclaves sur le Rivoalto. Aucune opération n'apparaît honteuse ou négligeable, à condition qu'elle procure un gain. «Nous sommes d'abord Vénitiens, disent-ils, puis Chrétiens»... Cette âpreté au gain n'empêche pas que le lion de saint Marc veille sur la cité et protège ses intérêts, sur terre comme sur mer.

Les flottes vénitiennes se composent de trois types de navires : des galères, des nefs ou naves et des barques. Aucun de ces bâtiments ne porte d'artillerie avant la fin du XVe siècle. Lorsque les navires s'abordent, il s'agit de s'emparer à l'arme blanche des châteaux d'avant et d'arrière, où se massent les soldats. Il n'existe pas encore de marine militaire. Ce sont les mêmes bâtiments qui servent au commerce et à la guerre.

sa domination sur le Golfe et construit sa «seigneurie» en soumettant les cités de l'Istrie et du delta du Pô. Sur la côte dalmate, elle neutralise les communautés slaves qui pratiquent la piraterie et le commerce. Ayant la ferme intention de devenir l'intermédiaire obligé de tout ce qui transite par voie de mer entre l'Italie et les Balkans, Venise entame une longue guerre d'usure avec des ports actifs et bien situés comme Ancône, Zara et Raguse.

**Les croisades fournissent aux Vénitiens l'occasion de construire leur empire maritime**

Préoccupée par le contrôle de l'Adriatique, Venise montre initialement peu d'enthousiasme pour l'appel à la croisade. Mais la cité du doge ne pouvait pas rester à l'écart d'une telle entreprise risquant de bouleverser ses positions au Moyen-Orient et de remettre en cause ses acquis. En outre, les Pisans et les Génois, qui amenaient l'armée chrétienne à pied d'œuvre, ne manqueraient pas alors de tirer profit de la conquête des Lieux saints.

Les Vénitiens prennent en marche le train de la première croisade. Ils arment une flotte, autant pour surveiller les agissements de leurs rivaux en Méditerranée orientale que pour participer en 1099 à l'assaut de Haïfa. Le 6 décembre 1100, jour de la fête de Saint-Nicolas, ils rentrent chez eux, ayant trouvé le moyen de s'emparer à Rhodes des reliques de San Nicolo, le patron des gens de mer de Venise, auquel l'église du Lido a été consacrée. En 1123, une flotte commandée par le doge Domenico Michiel vient au secours

À mi-chemin de la mer Égée et de la mer du Levant, l'île de Rhodes, possession byzantine, représente une escale et une position stratégique de première importance. Les Pisans et les Vénitiens se disputent son contrôle lors des premières croisades. En 1099, les Vénitiens, victorieux (ci-dessous), libèrent leurs captifs pisans, à condition que les marchands de Pise cessent de commercer dans les ports byzantins.

de Jaffa, que le sultan du Caire espérait reprendre aux croisés. Les Vénitiens rencontrent la flotte égyptienne au large du port militaire d'Ascalon. Le doge détache en avant ses lents et lourds navires de charge pour dissimuler l'importance de ses forces, si bien que les quarante galères de Venise anéantissent la flotte ennemie qui croyait profiter d'une bonne aubaine en se précipitant sur des bâtiments marchands... Déjà chargés d'épices et de métaux précieux, produit de la capture de plusieurs navires, les Vénitiens appuient le siège de Tyr : en juillet 1124, la prise de la ville entraîne la chute d'Ascalon.

Comme tous les autres marchands italiens, les Vénitiens installent leurs comptoirs dans les États latins fondés par les barons francs : royaume de Chypre, principauté d'Antioche, comté d'Edesse, comté de Tripoli et royaume de Jérusalem, où ils obtiennent franchises et concessions. Pour Venise, les croisades représentent d'abord une excellente affaire...

Les grands perdants sont moins les sultans d'Égypte et de Syrie, qui reprendront leurs relations commerciales avec les infidèles une fois retombée la fièvre de la guerre sainte, que les Byzantins, dont les provinces littorales sont ravagées par les corsaires et pirates, aventuriers de tout poil : l'écume des croisades. Les Vénitiens prennent parfois part ouvertement à la curée.

### Du rôle d'alliés fidèles de l'Empire byzantin à celui de prédateurs ou de pillards

La guerre de course, fléau endémique en Méditerranée, n'était rien d'autre que le négoce et l'armement maritimes souvent perpétués par les mêmes hommes et par les mêmes navires. Lorsque, au cours du XIIe siècle, le *basileus* remet en question, à plusieurs reprises, ou supprime, les privilèges que ses prédécesseurs ont accordés aux Vénitiens, ceux-ci dépêchent leurs galères pour saccager les côtes et les archipels de l'Égée : à chaque fois, ils obtiennent satisfaction par l'usage de l'intimidation et de la violence.

Quand le comte de Champagne prépara la quatrième croisade, il envoya une mission à Venise pour négocier le passage de l'armée en Terre sainte. Les Vénitiens acceptèrent de construire et d'équiper les cent navires de charge et les cinquante galères nécessaires à l'expédition (le tout devant être prêt le 29 juin 1202). Ils exigèrent en échange une énorme somme d'argent (qui équivalait à deux fois le revenu annuel du roi de France) et un partage équitable des butins et des conquêtes terrestres et maritimes. En concluant cet accord, le vieux doge Enrico Dandolo savait pertinemment que les croisés avaient surestimé leurs capacités financières et militaires. Il n'ignorait pas que la dette contractée pour le transport, le ravitaillement et l'appui naval de l'armée chrétienne permettrait à la République de réaliser la plus fructueuse opération de son histoire.

Ci-contre, le doge Enrico Dandolo reçoit l'hommage du jeune prince byzantin Alexis Commène.

Les Vénitiens n'éprouvent plus aucun respect pour ceux qui furent leurs protecteurs et qui guidèrent leurs premiers pas hors de l'Adriatique. En 1148, alors que Venise et Byzance avaient uni leurs efforts pour arracher Corfou aux Normands, les équipages des deux flottes

en viennent aux mains. Pour se moquer des Grecs, les marins vénitiens parodient le cérémonial de la cour byzantine en se prosternant devant un esclave qu'ils ont revêtu de la pourpre impériale.

Si Venise s'engage peu ou prou dans la troisième croisade – celle de Philippe Auguste et de Richard Cœur de Lion –, elle s'attribue un rôle autrement décisif lors de la quatrième. Loin d'aboutir à la délivrance des Lieux saints, cette croisade s'achève en avril 1204 par le sac de Constantinople et le démembrement de l'Empire byzantin, grâce à l'ingéniosité des Vénitiens qui ont transformé leurs galères en machines de siège. Outre un immense butin, les vainqueurs se distribuent les dépouilles : fiefs ou domaines pour les princes, comtes et barons, et même une éphémère royauté pour celui d'entre eux qui coiffe la couronne du *basileus*. Seigneur d'«un quart et demi de la Romanie» (la Grèce), le doge abandonne sagement les possessions de l'intérieur des Balkans, coûteuses et difficiles à défendre, pour conserver un chapelet d'îles, de ports et de forteresses côtières dans la mer Égée et la mer Ionienne.

Le détournement de la quatrième croisade a permis aux Vénitiens de jeter, au début du siècle, les fondations de leur empire maritime en Méditerranée orientale.

Lorsque la flotte vénitienne sort de la lagune en octobre 1202, seuls les chefs connaissent sa véritable destination. Il ne s'agit pas de transporter les croisés en Égypte ou en Syrie, mais de débarquer les chevaux et les hommes d'armes sur la côte dalmate, afin d'opérer la conquête du port de Zara (page de gauche), qui dépendait de l'Empire byzantin. Les croisés ne pouvant pas honorer leur dette envers les Vénitiens, il fut décidé qu'ils aideraient ces derniers à soumettre la ville, et que le montant de la dette serait prélevé sur le butin de l'expédition. C'est ce premier épisode qui mène les Vénitiens au sac de Constantinople. La capitale de l'Empire byzantin (ci-dessus) était à la fois un centre politique et religieux, mais aussi un grand port entre la Méditerranée et la mer Noire. Très populeuse, elle constituait un énorme marché de consommation. Les Vénitiens s'y étaient implantés en nombre, lorsque l'empereur Alexis Ier leur avait concédé un quartier et l'exemption des droits de douane. Mais ces privilèges ne suffirent pas à Venise, qui profita de la quatrième croisade pour mettre la main sur une partie de l'Empire byzantin.

### Prélude à la prise de Byzance

Afin de rétablir son père, l'empereur Isaac II, détrôné et enfermé par son oncle, le jeune prince byzantin Alexis Commène déclenche une terrible réaction en chaîne, en appelant à l'aide les barons francs qui se morfondent dans leurs quartiers d'hiver, entre Zara et Corfou. Après la première attaque de Constantinople en juillet 1203, les croisés délivrent le père et hissent le fils sur le trône. Mais ce dernier ne parvient pas à se débarrasser de cette armée menaçante qui bivouaque aux portes de la capitale en attendant le paiement de l'énorme somme promise pour ses services. À l'intérieur même de la ville, où la population s'ameute contre les Latins qui l'ont humiliée, Alexis ne contrôle plus la situation. Il est renversé par un coup d'État hostile aux envahisseurs latins. C'est alors que les chefs des croisés et de la flotte ordonnent l'assaut de la ville. Le tableau de Tintoret montre les guerriers escaladant les remparts. Vision du peintre ou fait réel rapporté par les chroniqueurs, les antennes des galères servirent aussi d'échelle horizontale pour gagner à califourchon le sommet des murailles.

## Second assaut : Constantinople tombe

La pièce est presque jouée. Byzance est prise le 12 avril 1204, quelques jours avant «Pasques fleuries». Les beaux et les preux chevaliers se conduisent comme des brigands, dévastant les maisons, dépouillant les églises des objets précieux et des reliques, qu'ils rapporteront chez eux tels des trophées de guerre. Ces rapines s'accompagnent d'incendies, de meurtres, de viols. Les Sarrasins eux-mêmes, s'ils avaient conquis la ville, se seraient montrés plus miséricordieux, estimait un chroniqueur byzantin. Ce bain de sang éclaire les musulmans sur les divisions des chrétiens, mais ne suscite en Occident qu'indifférence ou réprobation, sauf à Venise où Dandolo est traité comme un héros... Au cours de la décennie qui suit le sac de Constantinople, Venise étend sa domination sur Modon, Coron et l'île de Cythère (au sud du Péloponnèse), sur l'île de Nègrepont et plusieurs archipels en mer Égée (comme Naxos), enfin sur la Crète qui est achetée en 1204 à Boniface de Montferrat, chef des croisés, pour la somme de 1 000 marcs d'argent.

### Une «guerre de Cent Ans» naît de la rivalité commerciale qui oppose Venise à Gênes

Parmi toutes les républiques maritimes qui ambitionnent de jouer un rôle dominant, les Génois se montrent les plus dangereux rivaux des Vénitiens. Comme Venise pour la haute Adriatique, Gênes assure son pouvoir, entre Provence et Toscane, sur la mer ligure qui devient le golfe de Gênes. Enfin, à l'instar de Venise, Gênes entend bien tirer profit de sa participation aux croisades, et l'âpre concurrence entre ces deux puissances navales provoque une succession de guerres qui s'étalent sur plus d'un siècle.

À la différence de Venise qui profite de plus en plus des ressources de la Terre Ferme, Gênes (ci-dessous) ne doit compter que sur les activités liées à la mer. Elle est pourtant mieux située que sa rivale pour les relations maritimes avec l'Europe occidentale; mais, comme Venise, Gênes se tourne vers le commerce avec l'Orient.

Mais tandis que le peuple vénitien – du pêcheur à l'aristocrate – manifeste sa cohésion et un sens aigu des intérêts collectifs face aux épreuves de toutes sortes, la commune génoise est affaiblie par de nombreuses révoltes et par les multiples querelles intestines des grandes familles qui s'exilent à tour de rôle. Après trois violents conflits, la dernière guerre entre Venise et Gênes, connue sous le nom de guerre de Chioggia, s'achève par une paix signée à Turin en 1381. Les deux principaux belligérants en sortent très endettés, leurs populations excédées et épuisées par la pression fiscale et les levées d'hommes qui ont été nécessaires à la poursuite des hostilités.

Les hommes d'affaires génois sont partout en Méditerranée. Ils trafiquent et transportent vers l'Occident toutes sortes de produits : aussi bien le miel, la cire, les fourrures et les cuirs de Crimée, que l'alun de Phocée, la gomme de Chio, le vin et le sucre de Chypre, la soie et les épices apportés par les caravanes.

Si Gênes est absente de l'entreprise de la quatrième croisade, elle se rattrape un demi-siècle plus tard en apportant son aide aux Grecs de Nicée qui reprennent Constantinople en 1261 sous la conduite de Michel VIII Paléologue. Dès lors, Gênes obtient le quartier de Péra, enclave génoise dans Constantinople et des avantages commerciaux. Vers la fin du XIVe siècle, s'esquisse un partage des zones d'influence entre les deux vieilles rivales : Gênes regardant surtout vers la Méditerranée occidentale et l'Atlantique, sans pour autant renoncer à ses colonies de Chio, de Phocée et à ses comptoirs de la mer Noire; Venise consolidant ses positions en mer Égée, en mer Ionienne et au Levant.

## Venise parvient au zénith de sa puissance navale et à sa plus grande extension territoriale

Au début du XV<sup>e</sup> siècle, la République de Saint-Marc s'intitule la «Sérénissime», et l'on s'adresse désormais à son doge en lui disant : «Votre Sérénité»... L'État vénitien comprend d'abord le duché, formé par la cité mère et les bourgades de la lagune. Il s'est entouré au nord des provinces de Terre Ferme, annexant le Frioul et les villes situées entre le Pô et l'Isonzo.

Viennent ensuite les colonies et les possessions maritimes, comme les ports et places de la côte dalmate et albanaise, Lépante et Patras derrière l'isthme de Corinthe, Cythère, la Crète, les archipels de la mer Égée : toute une guirlande d'îles et de points d'appui côtiers. Cet empire qui s'étire sur le pourtour de la Méditerranée orientale constitue un édifice fragile. Son maintien dépend de la force d'intervention des vaisseaux de guerre et de la capacité des bâtiments marchands à lutter contre la concurrence des autres États maritimes. En retour, ce réseau d'escales et d'établissements

La thalassocratie vénitienne repose sur la possession d'escales et de comptoirs qui s'échelonnent depuis le fond de l'Adriatique jusqu'en Méditerranée orientale. Il s'agit de constituer des étapes sur les routes maritimes et de tenir des places sûres où s'échangent les marchandises. (Ci-contre, Marco Polo, commerçant vénitien, part de Venise pour un voyage qui le mènera jusqu'en Chine.)

Venise et la maîtrise de la Méditerranée

◆ Principales cités et îles qui ont fait partie
de la République de Venise au XIIIᵉ - XVIIIᵉ siècles

insulaires abrite, répare et équipe la flotte qui
le visite et le protège.

Dans la fameuse harangue du 4 avril 1423, un
testament politique qu'il adressa au Sénat «quand
il se sentit arrivé, du fait d'une grave maladie, au
terme de sa vie», le doge Tommaso Mocenigo plaçait
la marine au premier rang des richesses de Venise.
Il énumérait fièrement les 3 000 barques et caboteurs,
les 300 naves et les 45 galères sur lesquels servaient
au total 35 000 marins. Venise était alors la première
puissance maritime de l'Occident sinon du monde,
«la plus triomphante cité que j'aie jamais vue»,
écrivait dans ses *Mémoires*, Philippe de Commynes,
ambassadeur du roi de France Charles VIII auprès
de la Sérénissime.

On peut, néanmoins,
observer que les
Vénitiens ont tendu
à dépasser ces objectifs
mercantiles lorsqu'ils
se sont lancés à la
conquête de la Crète,
d'une bonne partie de
la Grèce, de l'Albanie
et de la Dalmatie, en
se taillant un véritable
État balkanique, dont
ils s'efforceront de
conserver le territoire
mouvant jusqu'au
début du XVIIIᵉ siècle.

Quels navires sillonnent la Méditerranée durant l'époque des croisades et la fin du Moyen Âge? La batellerie maritime se partage entre deux familles de bâtiments : les galères, ou vaisseaux longs, et les vaisseaux ronds. Les premières sont destinées aux combats et aux patrouilles côtières, les seconds servent au transport des marchandises.

# L'ÂGE D'OR DES GALÈRES

Cette marine et cette pièce de monnaie montrent l'évolution du matériel naval au début du XVIᵉ siècle. L'artillerie fait son apparition sur les navires. Cette «révolution militaire» entraîne une transformation de la construction navale : le poids des canons nécessite la recherche de nouvelles solutions techniques pour adapter les bateaux au logement des bouches à feu.

Les galères médiévales semblent les héritières des trières athéniennes, des liburnes romaines et des dromons byzantins, de tous ces bateaux longilignes et étroits, très bas sur l'eau, propulsés à la rame et spécialement conçus pour des affrontements guerriers à proximité du rivage.

Les galères peuplent les flottes de combat : d'abord la birème, puis la trirème, plus puissante, à trois rames par banc, qui la remplace au XIIIe siècle. Les galères de Venise sont les plus belles et les meilleures de la mer : une supériorité technique qui tient à la qualité des bois choisis, à la rigueur des méthodes de construction et à l'habileté des ouvriers employés dans l'arsenal vénitien, la plus grande entreprise de son temps, où la République a su attirer les plus fameux concepteurs et maîtres charpentiers.

Les vaisseaux ronds, les nefs ou naves de haut bord pour les plus fortes unités, possèdent des ponts couronnés par un imposant château arrière et un gaillard d'avant. À côté de ces gros porteurs en nombre limité, existent des milliers d'autres voiliers de moindre taille, qui assurent l'essentiel des trafics, surtout le cabotage.

### Inventeur des messageries maritimes, l'État vénitien est propriétaire d'une compagnie de navigation

Venise fut la première à bâtir un nouveau modèle de navire qui tentait de combiner les avantages de la propulsion à voile et à rame. Des cales de l'arsenal vénitien, véritable centre d'expérimentation de la construction navale, sortent vers les années 1290-1300 les prototypes des grosses galères ou «galères bâtardes», bâtiments

Les vaisseaux longs de la Méditerranée se transforment au cours du XIIIe siècle, sous l'influence des cogues ou «kogges» venues des mers de l'Europe septentrionale. La nef latine abandonne les deux pelles latérales qui permettaient de la diriger, pour adopter le gouvernail d'étambot. Son gréement se diversifie. S'il conserve les voiles latines, il emploie aussi les voiles carrées, que l'on peut réduire à volonté avec les bandes de ris. Ainsi perfectionnée, la nave méditerranéenne, caraque génoise ou galion vénitien, devient un bateau plus maniable dans les forts tonnages, exigeant pour la manœuvrer un équipage réduit de moitié par rapport à sa version entièrement latine, soit un homme pour dix tonneaux vers 1400.

Ce détail d'un tableau de Carpaccio permet d'examiner (à gauche de la toile) un abattage de carène. Cette opération délicate consistait à coucher un navire sur l'un de ses flancs afin de gratter et de réparer sa coque. Les bassins de carénage n'existant pas, on pratiquait l'abattage sur une plage après avoir délesté le navire et ôté une partie de son gréement.

nés du croisement des vaisseaux ronds et des vaisseaux longs, de la carpe (la nef) et du lapin (la galère)...

Initialement destinée à la flotte de guerre, la grosse galère devient, dès le début du XIVᵉ siècle, la galère marchande : la *galea di mercato*. Tous les autres États suivent bientôt l'exemple vénitien et se mettent à lancer des galées, comme Gênes ou Florence, et même la France avec les fameuses galées armées par Jacques Cœur pour le commerce avec le Levant.

La galée transporte rapidement des cargaisons de valeur sur un long rayon d'action avec un maximum de sécurité. Comme son armement revient beaucoup plus cher que celui d'un voilier traditionnel, car il faut payer les nombreux hommes nécessaires à la manœuvre des rames et à la défense du navire, ce paquebot du Moyen Âge n'embarque que les produits et objets de luxe, ainsi que les passagers assez fortunés et pressés pour acquitter leur place à prix d'or.

Mais ceux qui livrent leurs biens et leur personne aux galées obtiennent un service extrêmement fiable pour l'époque. Celles construites et préparées dans l'arsenal vénitien, toutes sur le même modèle, sont louées aux enchères par l'État pour un trajet déterminé. Une vingtaine de galères desservent une demi-douzaine de lignes régulières, de la mer Noire à la mer du Nord, de Trébizonde à Bruges. Chacune doit lever l'ancre le jour dit, sinon l'armateur retardataire risque une forte amende. Munies d'armes comme un bâtiment de guerre, elles marchent toujours en convoi de trois à dix unités pour décourager les agresseurs éventuels attirés, telles des mouches à miel, par la richesse de leur chargement. Les galées arborant le pavillon de Saint-Marc inspirent une telle confiance aux négociants que ceux-ci en négligent d'assurer leurs marchandises. C'est déjà le principe de la navigation en convoi qui explique la sûreté du système vénitien, et qui sera adopté trois siècles plus tard par les marins de l'Europe occidentale.

Avec sa *Légende de sainte Ursule*, le peintre Carpaccio réalise un véritable «reportage» sur la marine vénitienne de la fin du XVᵉ siècle. Au premier plan, une barque latine non pontée vient s'amarrer au quai de l'arsenal. On remarque l'antenne (ou vergue) qui porte la tente servant à protéger son occupant. Derrière cette scène, une galère glisse devant la tour qui marque l'entrée de l'arsenal. Les faisceaux de rames groupés trois par trois indiquent qu'il s'agit d'une trirème ou galère *sottile*, le navire de base de la flotte de guerre vénitienne. Ce type de galère ne portait qu'un seul mât. L'équipage est en train d'assurer la manœuvre fatigante qui consiste à abaisser l'immense antenne et à carguer sa voile. À l'arrière-plan, on aperçoit deux autres navires : d'abord une galère presque entièrement masquée, qui est également en train d'abattre son antenne, puis un navire rond à trois mâts, dont l'artimon (mât d'arrière) conserve sa voile carguée ou enroulée autour de l'antenne.

## L'hégémonie vénitienne remise en cause

Les galées vénitiennes et les autres atteignent leur apogée durant les dernières décennies du XVe siècle, puis elles perdent peu à peu leur rôle privilégié pour le transport des produits luxueux et elles s'effacent dans la seconde moitié du XVIe siècle. Ce déclin s'explique en partie par les progrès techniques des vaisseaux ronds de mieux en mieux armés (ils s'équipent d'artillerie) et de plus en plus manœuvrables. Caraques et galions ôtent progressivement aux galères marchandes la plupart de leurs avantages.

Mais la fin des messageries maritimes de Venise semble surtout due aux mutations politiques et

Célébrant les hauts faits de l'empereur germanique Maximilien, cette miniature illustre l'affrontement entre Venise et la ligue de Cambrai, coalition qui regroupait la papauté, l'Allemagne, la France et l'Espagne. Après avoir envahi la Terre Ferme en 1509, les armées germaniques menacent la cité de Venise : ici le lion de saint Marc s'enfuit devant les bannières victorieuses de Maximilien Ier.

économiques qui interviennent au cours de la première moitié du XVIᵉ siècle. Si elle demeure une riche et superbe ville maritime, la cité du doge ne contrôle plus comme auparavant les relations commerciales entre l'Orient et l'Occident.

D'autres États se dotent d'une marine «nationale», comme l'Angleterre, l'Espagne, l'Empire ottoman, le Portugal, et s'attribuent une part croissante des trafics. Ainsi, les Portugais vont maintenant directement chercher les épices aux Indes en contournant l'Afrique par le cap de Bonne-Espérance, route découverte en 1487 par Bartolomeu Dias.

Le Sénat vénitien supprime le monopole des galées en 1514, autorisant désormais les caraques

Cette miniature offre aussi une comparaison entre forces de terre et forces de mer. À droite, l'armée impériale, où dominent les carrés de lansquenets armés de la longue pique, repousse efficacement les assauts de cavalerie. Cette armée comprend également de l'artillerie de siège, dont les canons bombardent les places. À gauche, Venise entourée par les eaux n'a pas d'autre défense que les murailles de ses vaisseaux.

vénitiennes à charger les épices dans le port d'Alexandrie. Le convoi d'Égypte effectue son dernier voyage en 1564, et celui de Syrie en 1570. Les convois de grosses galères disparaissent donc. Toutefois ce type de navire, reconverti à l'usage de la marine de guerre en galéasse, connaîtra aux XVIᵉ et XVIIᵉ siècles une seconde jeunesse.

### Pour la noblesse vénitienne, les affaires de la marine sont des affaires de famille

Ces vaisseaux longs, ce sont les hommes qui les dirigent et les propulsent. Il en faut environ deux cents à bord d'une trirème de combat et presque autant sur une galée. À Venise, les *sopracomiti* ou capitaines commandent les galères militaires

Cette gravure illustre le livre de Breydenbach, écrit après son pèlerinage en Terre sainte. Ce livre et ses gravures donnent des informations sur les ports et les navires de la Méditerranée. Ci-dessous, une vue frontale assez fidèle du paysage urbain vénitien qui apparaît dominé par les tours des campaniles, avec au premier plan celui de la Piazza (la place Saint-Marc).

et les patrons sont à la tête des galères marchandes, le titre de capitaine étant réservé aux chefs des escadres et des convois. Les uns et les autres sont toujours choisis parmi les quelque cent à cent cinquante familles inscrites sur le livre d'or de l'aristocratie qui détiennent les charges supérieures, civiles et militaires. Même s'ils deviennent plus sédentaires et rentiers que navigateurs et marchands, beaucoup de nobles conservent intacte leur passion pour les affaires maritimes.

Les jeunes nobles naviguent souvent aux côtés de leurs parents. Sur chaque galée, quelques postes d'arbalétriers de poupe leur sont réservés, qui allient les avantages d'une triple initiation à la mer, au commerce et aux armes. Outre son caractère

Les galères des pèlerins mouillées devant le quai des Esclavons se préparent à appareiller. Outre les galées marchandes, ce sont des galères privées dont les patrons et propriétaires se spécialisent dans les voyages organisés en Terre sainte. Au départ de Venise, elles conduisent chaque année les pèlerins qui veulent se rendre en Palestine dans les meilleures conditions de sécurité, ce qui n'est pas à la portée de toutes les bourses. Il faut trente à quarante jours pour aborder à Jaffa. Puis les pèlerins se rendent à Jérusalem. Le mole situé devant le palais des Doges est le siège d'une intense activité portuaire, où l'on voit toutes sortes de navires et d'embarcations, depuis les petites gondoles à la poupe très relevée jusqu'aux grosses galères marchandes, l'équivalent de nos paquebots actuels. Une jetée sur pilotis permet d'approcher les navires, de transborder les passagers et les marchandises. Les installations portuaires restent cependant rudimentaires.

formateur, cette fonction favorise l'essor
professionnel des négociants dépourvus de capitaux.
Même les branches les plus aisées du patriciat
vénitien, véritable pépinière de *patroni* et de
*sopracomiti*, ne dédaignent pas cette institution
qui occupe bon an mal an quelque deux cents
jeunes gens. Au terme de quatre années de service
sur les galères de l'État, militaires ou marchandes,
les aspirants officiers peuvent être nommés
*sopracomiti*, uniquement pour la durée d'une
campagne selon une procédure qui combine,
comme pour tous les emplois importants de
la République, l'élection par le Grand Conseil,
puis le tirage au sort sur une liste d'aptitude.
Le mode de recrutement écarte les roturiers
les plus capables, car, malgré quelques velléités
de changement, l'appartenance à l'aristocratie
constituera jusqu'au bout la condition *sine
qua non*. Les nobles désargentés ont également
peu d'espoir d'être retenus, parce que le
commandement d'une trirème implique une
responsabilité coûteuse. Si l'État construit
et arme les navires, les *sopracomiti* enrôlent
eux-mêmes les équipages, auxquels ils prêtent

les premiers mois de solde et versent des primes substantielles pour attirer les meilleurs éléments.

## Le commandement d'une galère marchande est autrement plus rentable que celui d'une galère de combat

Le patron d'une galée n'est autre que celui qui a remporté publiquement sa mise aux enchères. Cela n'empêche pas l'État de contrôler étroitement la désignation d'un personnage qui répondra d'une cargaison valant plusieurs dizaines de milliers de ducats. Le patron doit faire preuve de sa noblesse, de ses aptitudes à la mer, et d'une solide assise financière. C'est rarement un homme seul. Il agit souvent avec, derrière lui, une association temporaire de négociants et d'armateurs qui s'accordent pour enchérir ensemble une ou plusieurs galées, et parfois même la totalité des navires composant un convoi.

Mais le système des galées d'État empêche les clans les plus riches de détenir leur propre flotte et de faire la loi en matière de grand trafic maritime : il propose les mêmes ressources, au même tarif, tant aux petits marchands qu'aux puissants entrepreneurs capitalistes.

Ce tableau offre deux plans distincts : à gauche, le paiement des soldes des équipages; à droite, le superbe alignement des galères devant les quais. Le recrutement des marins est régi par une législation dont certains actes remontent au XIIIe siècle. Les *galeotti* recevaient une avance et signaient un contrat. Les lois protégeaient les gens de mer et leur accordaient un certain nombre d'avantages. Les conditions de recrutement s'avèrent moins attractives à partir du début du XVIe siècle, alors que Venise accroît sa flotte de guerre, qui compte une centaine de galères. C'est pourquoi on commence à employer des forçats enchaînés pour tirer la rame.

Pour surveiller la régularité des opérations de chargement et de déchargement, diriger la marche du convoi et prendre toutes les mesures nécessaires à sa sauvegarde, le gouvernement nomme un *capitanio*, l'équivalent d'un chef d'escadre. C'est un poste envié, honorable, fort bien rémunéré et pourtant pas une sinécure : le *capitanio* doit rendre compte du voyage devant le Sénat, qui peut le juger et le condamner en cas de faute grave.

### Les «techniciens» – comites, conseillers maritimes et pilotes – tiennent entre leurs mains le sort du navire

Même s'il possède des aptitudes et des connaissances en matière de navigation, le *sopracomito* est plus un chef de combat qu'un véritable chef de bord. Le commandement d'une galère n'a rien d'un métier. C'est plutôt un sport dangereux, pratiqué

Le thème privilégié de l'iconographie vénitienne des XVIe-XVIIIe siècles est la sortie du *Bucentaure* (la galère de parade de la Sérénissime) le jour de l'Ascension, qui offre aussi l'occasion d'une *mostra* de la marine de Venise. De la galère à la gondole, tous les bâtiments sortent ce jour-là pour prendre leur part de la bénédiction de la marine et des gens de mer. Le doge jette l'anneau nuptial dans la mer en prononçant la formule du mariage de Venise avec la mer.

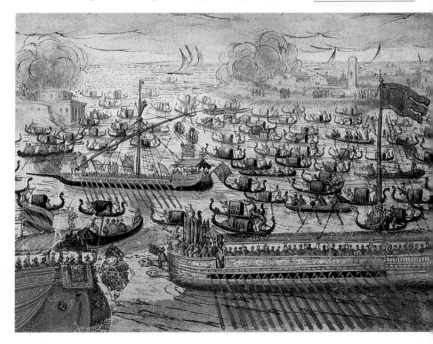

par des aristocrates fortunés qui n'hésitent pas
à mourir bravement. La conduite du navire
appartient au comite, assisté par un sous-comite
et trois ou quatre officiers de pont qui dirigent
la quinzaine de matelots affectés aux manœuvres
des ancres, de la voilure et du gouvernail.
Un charpentier, un calfat, un rémolat (celui qui
taille et répare les rames) et un tonnelier assurent
l'entretien de la trirème durant la campagne.
Le bateau embarque aussi son aumônier,
son écrivain, son commis aux vivres, son barbier
et trois enfants qui apprennent sur le tas
les spécialités de la maistrance.

L'effectif d'une galée est beaucoup plus étoffé
en personnel «technique». Il comprend d'abord
un homme de conseil, auquel s'ajoute, sur la galère
commandante, un *amiraio*, ou chef navigateur.
Ces gens compétents et instruits, tel le cartographe
Andrea Bianco qui a servi de navigateur sur presque
toutes les lignes des messageries maritimes
de Venise, tiennent le sort du bâtiment entre leurs

À Venise, les affaires
maritimes demeuraient
primordiales pour la
prospérité de la classe
dirigeante, qui suivait
leurs moindres
péripéties. Dans quel
autre État verrait-on
le Sénat discuter des
heures de l'embauche
d'un maître
constructeur dans
l'arsenal ou bien le
doge et les dignitaires
de la République
assister à la course
opposant une trirème
de série à la fameuse
quinquérème, la galère
expérimentale
à cinq rames et rameurs
par banc bâtie
par Vettor Fausto,
maître constructeur
d'origine grecque?

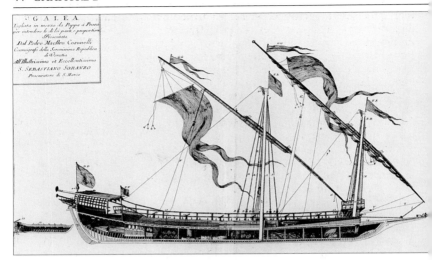

mains. Comme l'on se méfie des patrons qui auraient été tentés d'engager des conseillers plus versés dans l'art de trafiquer que celui de naviguer, leur recrutement est étroitement contrôlé par l'État. Les galères marchandes utilisent aussi des pilotes au fur et à mesure de leur route. Les mariniers des galées se divisent en deux classes : l'élite des douze gabiers des galères, auxquels on demande d'exécuter de périlleuses acrobaties sur les antennes, et la vingtaine de matelots de rang.

**Tirer la rame n'a rien d'une activité déshonorante**

Cent soixante rameurs constituent les trois quarts de l'équipage. On dispose trois hommes par banc, chacun d'eux actionnant son propre aviron, d'où le nom de trirème, qui rappelle les galères grecques et romaines, à ceci près que les rameurs s'étageaient sur trois niveaux à bord des trirèmes ou trières antiques au lieu d'être assis côte à côte.

Les rameurs des galères vénitiennes sont tous des hommes libres jusqu'au milieu du XVIe siècle. Tant que l'esprit communal mobilise les énergies populaires pour la défense de la cité, le petit peuple fournit, et sans trop

Les galères étaient des navires très fuselés et peu élevés au-dessus de l'eau, si bien que l'espace y était très réduit. Tout le monde vivait sur le pont, où les rameurs, autrement dit le «moteur», occupaient les quatre cinquièmes de la superficie disponible. La poupe, à l'arrière, constituait le poste de commandement où se tenaient les officiers, dont le capitaine. Sous le pont, la cale était divisée en chambres où l'on rangeait les vivres, les tonneaux, les ancres et les agrès.

rechigner, les *galeotti* nécessaires à l'armement
de la flotte permanente. Ces rameurs étaient
un peu mieux payés que les débardeurs du port,
les pêcheurs et les marins du commerce.
Ils arrondissaient leur solde avec la vente aux
escales de la pacotille entassée sous leurs bancs;
ils nourrissaient aussi l'espoir, nullement
chimérique, de partager le butin des prises.

Quand les trirèmes sont prêtes à sortir de l'arsenal,
les crieurs annoncent la nouvelle au son des
trompettes et des roulements de tambour. Les
écrivains dressent leurs bancs et leurs tables sur
le quai devant le palais du doge. Les navires portent
le nom de famille du *sopracomito* qui les
commande : on choisit de s'engager sur la
*Contarina*, la *Loredane*, la *Moceniga*, la *Cornera*...
Une fois le marché conclu ou marqué d'une croix,
le *galeotto* ou le *marinaio* reçoit trois à quatre mois
d'avance sur sa paie, s'il peut désigner la personne
qui se portera garante de son
embarquement. Quelques jours avant
l'appareillage, trompettes et tambours
sillonnent à nouveau la ville, de la
place Saint-Marc au Rialto, pour appeler
les équipages. Ceux qui ne se rendent
pas à bord après la troisième criée
sont pourchassés dans les bouges
et les tavernes par les archers
des «Seigneurs de la nuit»,
la police de la ville.

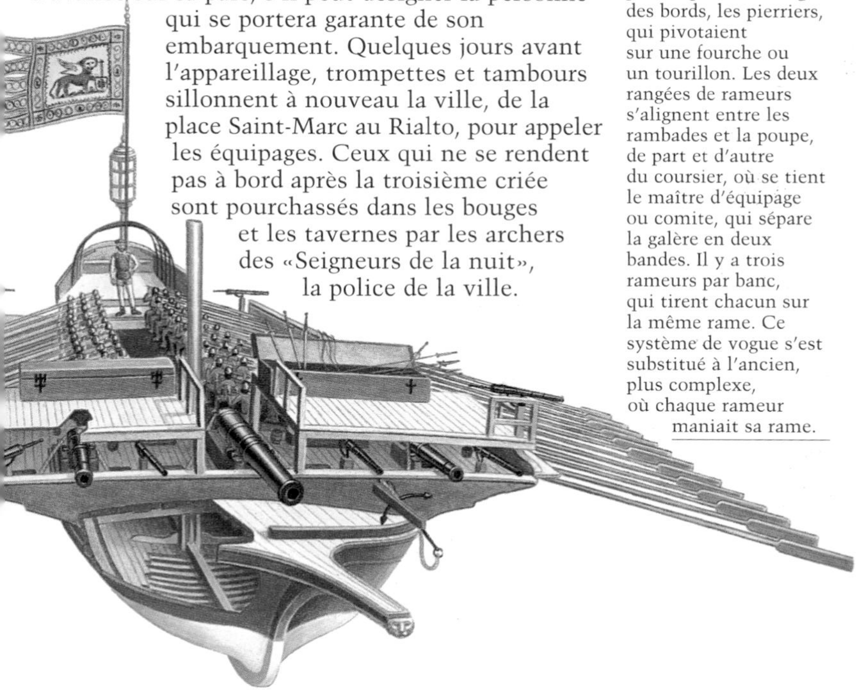

La reconstitution
ci-dessous nous
donne une idée du
fonctionnement d'une
galère vénitienne vers
la fin du XVIᵉ siècle.
L'éperon ne joue plus
qu'un rôle décoratif.
La puissance de feu
se concentre à l'avant,
où les pièces d'artillerie
sont logées dans l'axe
du navire, dont un gros
canon central flanqué
par deux pièces
moyennes ou de plus
faible calibre. Il s'agit
d'une artillerie
de bronze, souvent
des couleuvrines
qui alliaient précision
du tir et longue portée.
Il y avait aussi des
petites pièces le long
des bords, les pierriers,
qui pivotaient
sur une fourche ou
un tourillon. Les deux
rangées de rameurs
s'alignent entre les
rambades et la poupe,
de part et d'autre
du coursier, où se tient
le maître d'équipage
ou comite, qui sépare
la galère en deux
bandes. Il y a trois
rameurs par banc,
qui tirent chacun sur
la même rame. Ce
système de vogue s'est
substitué à l'ancien,
plus complexe,
où chaque rameur
maniait sa rame.

En temps de guerre, la cité recourt au service militaire pour se procurer des rameurs. À Venise, les quartiers et paroisses sont quadrillés en petites unités : les dizaines. Le gouvernement lève un, deux et jusqu'à trois hommes sur douze parmi les adultes âgés de vingt à soixante ans. Ceux qui restent contribuent à l'entretien des partants.

### L'amélioration du niveau de vie dissuade les Vénitiens de s'enrôler sur les galères

L'essor de l'artisanat et des industries de luxe, grands consommateurs de main-d'œuvre, compense le déclin

Ce tableau restitue la vie quotidienne de ces rues d'eau où tout le monde se croise sur une kyrielle d'embarcations : gens du peuple sur leurs bateaux de travail et gens de la noblesse sur leurs gondoles parées comme des carrosses. Le paysage urbain est marqué par ces hautes cheminées qui couronnent les toits de tuile. On remarque aussi le pont de bois, mobile, dont la passerelle s'ouvre pour laisser passer les navires.

relatif des activités maritimes du XVIᵉ siècle.
Ce mieux-vivre n'incite guère le peuple vénitien
à supporter, comme autrefois, l'état toujours
pénible des *galeotti*. «Les gens sont si aisés et
jouissent d'une existence si facile qu'il ne faudrait
rien moins qu'un danger de mort pour les faire
s'embarquer sur les galères», écrit Cristoforo
da Canal en 1539. Depuis les temps héroïques
où les marchands partageaient les mêmes risques
et les mêmes misères que les marins, la distance
n'a cessé de s'accentuer entre les négociants vissés
à leurs comptoirs ou à leurs magasins du Rivoalto
et les gens de mer. Seuls les techniciens ou
spécialistes, les sous-officiers qui forment la
maistrance, tels que les pilotes et les navigateurs,
s'en tirent mieux que les hommes de rang. La
condition des rameurs se dégrade au fur et à mesure
que leur recrutement plonge vers le bas de l'échelle
sociale : miséreux, vagabonds, prisonniers pour
dettes élargis à condition de tirer l'aviron, immigrés
de fraîche date...

Les *galeotti* de la belle époque avaient droit en
campagne, les jours gras, à du porc salé qui mijotait
avec une soupe de fèves; dès la seconde moitié
du XIVᵉ siècle, il ne reste plus que les fèves, dans
les chaudrons des hommes de rame, accompagnées
d'un biscuit dont la qualité laisse souvent à désirer :
*tristissimo*, selon un *sopracomito* vénitien.
Faute de Vénitiens, les galères de la Sérénissime
vont chercher leurs rameurs dans les possessions
maritimes. Dalmates et Albanais de la côte
adriatique, Grecs des îles Ioniennes, de Crète, de
Chypre, des Cyclades et de l'Eubée, ces *galeotti*
coloniaux fournissent au moins le tiers des
effectifs lorsque les trirèmes partent de Venise
avec seulement deux rameurs par banc et se
procurent le troisième en cours de route. Ce sont
encore des hommes libres. Comme les autres
patrons de navire, les *sopracomiti* n'avaient pas
le droit de prendre à leur bord les esclaves et
les serfs travaillant dans les plantations de coton
et de canne à sucre qui rapportaient tant de beaux
profits à l'aristocratie vénitienne.

Traditionnellement
attachée au système
de la conscription
et des engagements
volontaires, car
les rameurs libres
représentent autant
de combattants,
la République ne
l'abandonne que peu
à peu, lorsque la perte
de ses possessions
dans les Balkans
et dans les îles ne lui
permet plus, comme
par le passé, de
compléter ses équipages.
Les condamnés des
tribunaux criminels
fournissent donc
des rameurs. La galère
devient une prison;
la chaîne est la marque
de servitude du
galérien (ci-dessous).

### Les équipages des galères évoluent avec l'introduction de soldats de métier :

Les *galeotti* des Xe-XIIIe siècles formaient une milice communale de marins-soldats qui prenaient une part essentielle aux abordages et à la défense du navire. Munis d'un casque de cuir et d'un bouclier, dotés d'un javelot ou d'un arc, c'étaient autant des rameurs que des combattants. Or, les affrontements deviennent une affaire de professionnels au XIVe siècle, quand les arbalétriers escaladent le pont des galères, avant d'être évincés par les arquebusiers vers la fin du siècle suivant. Il y en avait une trentaine sur chaque trirème vénitienne et près d'une centaine par galère dans les autres flottes. Si l'arsenal de Venise produisait d'excellentes armes à feu, le Sénat rechignait à augmenter le nombre des arquebusiers de marine. Il se méfiait sans doute de ces soldats de métier, ces mercenaires, qui coûtaient cher et risquaient de faire défection au cours d'une bataille. Mais la flotte vénitienne, où s'opposaient le conservatisme et l'esprit

L'introduction de l'artillerie ne bouleverse pas la tactique navale qui reste toujours un combat rapproché au corps à corps. L'abordage et les armes blanches restent primordiaux pour l'issue du combat. Certains capitaines douteront de l'artillerie, de son efficacité, estimant qu'il s'agit plus d'une machine tonnante, susceptible d'épouvanter ou de déconcerter l'ennemi, que d'un véritable moyen de destruction.

L'événement représenté ici se situe probablement lors de l'Ascension, jour où le doge et la Seigneurie se rendent en grande pompe au Lido. Au centre, le *Bucentaure*, navire d'apparat de la Sérénissime, s'avance propulsé par ses vingt et une paires de rames. Le navire est suivi d'une procession de bâtiments : galères de guerre, galéasses ou grosses galères. Toutes arborent le grand pavois et ont un gréement latin complet à trois arbres (mâts). Ce cortège officiel est entouré de gondoles, ces voitures de maître des Vénitiens aisés. Au premier plan, entièrement pavoisée, mais à l'ancre, apparaît la marine ordinaire de la Sérénissime. Trabacos, caorlines, brigantinos de l'Adriatique représentent de curieux mélanges de gréements différents. Au XVIIIe siècle, toute la batellerie vénitienne repose sur l'utilisation de ces bâtiments.

d'innovation, n'était pas à un paradoxe près, et Venise adapte très tôt des canons sur ses galères transformées en véritables machines de guerre.

On relatait comme des exploits, parce qu'ils paraissaient encore exceptionnels en plein XVIe siècle, les coups les plus précis et les plus meurtriers : celui du Génois Filippino Doria, qui tua quarante hommes sur la galère de son adversaire en faisant tirer ensemble toutes ses pièces, ou encore cette trirème vénitienne dont le gros canon brisa le mât d'une galère turque d'un seul boulet.

Certains jugeaient même que l'artillerie encombrait et alourdissait inutilement la proue de leur galère, qu'elle nuisait à ses qualités nautiques. Les responsables de la marine vénitienne n'étaient pas de cet avis, et les experts de l'arsenal, toujours à l'affût des perfectionnements, cherchaient à augmenter et à améliorer la puissance de feu de cette marine à rame, qui devait évoluer ou disparaître. La bataille de Lépante leur donnera raison.

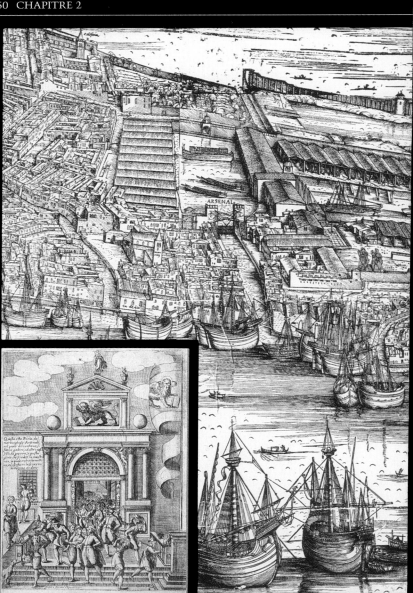

le vergine.

## L'arsenal maritime de Venise

Fondé en 1104 à l'est de la cité, il s'agrandit au XIVᵉ siècle lorsque l'État met lui-même en chantier les grosses galères ou galères de commerce. Enfin, les guerres avec les Turcs nécessitent une troisième et ultime extension. Dans son aspect presque définitif – que l'on peut encore admirer de nos jours –, l'arsenal de Venise comprend trois darses ou bassins intérieurs, entourés de multiples hangars, entrepôts, ateliers et cales couvertes – les *volti* – qu'un canal fait communiquer avec le port. Le tout est clos de murailles crénelées et de tours. La *Porta magna* surmontée comme il se doit par le lion de saint Marc, fut la première œuvre monumentale de la fin du XVᵉ siècle, qui porta l'empreinte du style architectural et décoratif inspiré par l'Antiquité classique, alors que Venise restait une cité gothique. C'est par cette porte qu'entrait et sortait la foule des *arsenalotti*. Ces ouvriers de l'arsenal occupaient une fonction très honorable, présentant divers avantages matériels. Entraînés pour lutter contre les incendies, les *arsenalotti* servaient de corps de pompiers municipaux.

RIVIERA·DELE·GALIACE

ORTO·DELE·SEGE

ARSENA·INETA

AR·SEN

ARSENAL·VECHIO

### Une technique de pointe

Au XVIᵉ siècle, l'arsenal de Venise employait 2 000 à 3 000 ouvriers d'élite, dont deux tiers de charpentiers et de calfats. Un an avant la bataille de Lépante, ces *arsenalotti* avaient assemblé et conservaient à sec plus d'une centaine de coques de galères qu'ils préparèrent et lancèrent en six ou sept semaines. Comme dans une chaîne de montage, c'étaient les bateaux qui étaient déplacés pour compléter leur armement et non le matériel. Une fois mises à l'eau dans les deux darses du nouvel arsenal, les galères passent dans le bassin de l'*arsenale vecchio*, où elles reçoivent espars, voiles, cordages, vivres, ustensiles et armes. L'atelier des fabricants de rames, qui bordait le canal de sortie, était même percé d'ouvertures par lesquelles on glissait leurs avirons aux *galeotti*.

FV FATTO LANNO 1517 SOTTO MISIER ZACHARIA
FV RINOVATO D'LANNO 1753 SOTTO LA GASTA

**La main-d'œuvre de l'arsenal**

Les charpentiers navals, les *marangoni*, constituaient une corporation importante, ainsi que l'atteste cette enseigne d'un atelier de l'arsenal, où saint Joseph, patron des charpentiers, veille sur les ouvriers.

NTONIO GASTALDO DE MARANGONI DNAVE D'L'ARSENAL
DI FRANCESCO ZANOTTO GASTALDO E COMPAGNI

Terrible corps à corps de galères
mettant aux prises 450 navires et
leurs 120 000 soldats et rameurs, le choc
de Lépante rappelle les grands affrontements
navals de l'Antiquité : Salamine ou Actium.
Mais bien plus qu'un glorieux fait d'armes,
l'événement semble un signe de la Providence :
l'amorce du déclin de la puissance ottomane
face à la chrétienté enfin réconciliée et unie.

**CHAPITRE 3**

# LE DIMANCHE
# DE LÉPANTE

Dans chaque camp,
les combattants
de Lépante se sont
affrontés avec
acharnement pour
défendre la vraie foi
contre les «infidèles».
Les étendards des
deux flottes sont
frappés de symboles
à caractère religieux :
croissant de l'Islam
et versets du Coran
d'un côté, croix
chrétienne et image
du Christ entouré
par saint Pierre et
saint Paul, de l'autre.

## Le 29 mai 1453, Constantinople est prise par les troupes de Mehmed II

La chute de la capitale de l'Empire byzantin donne aux Turcs les moyens de construire la marine qui leur faisait défaut pour continuer leur expansion en Méditerranée. Byzance, et avec elle le reste de la Grèce, livre ses chantiers navals, ses ports et ses arsenaux, sans oublier la main-d'œuvre.

Si les rameurs chrétiens des galères turques peinent sous la contrainte, des aventuriers venus des quatre coins de la Méditerranée, des pêcheurs

Lorsque Mehmed II s'attaque à Constantinople en 1453 (plan du siège ci-dessous), l'Empire byzantin est réduit à sa capitale. Son empereur périt les armes à la main. Le soir de sa victoire, le sultan remercie Allah dans l'ancienne église Sainte-Sophie convertie en mosquée.

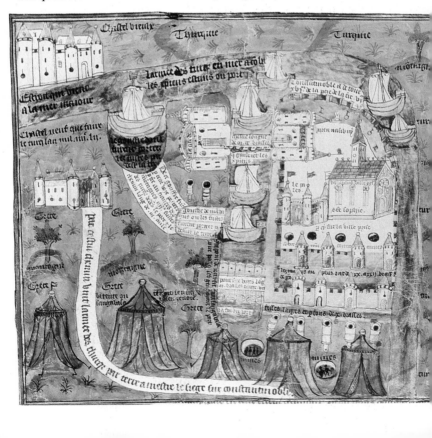

aux gentilshommes, se convertissent à
la religion de Mahomet pour faire carrière
dans la marine ottomane. Ainsi, le renégat
Khayr al-Din Barberousse, fils d'un pêcheur
grec de l'île de Mytilène, hardi marin
et corsaire, deviendra le maître d'Alger
et capoudan pacha – amiral en chef –
de Soliman le Magnifique.

L'acquisition de la puissance navale a exigé
une longue patience. En 1416, douze galères
commandées par le capitanio Pietro Loredan
attaquent une escadre turque devant
Gallipoli, dans les Dardanelles. Victorieux,
les Vénitiens ne s'embarrassent pas des
prisonniers musulmans, qu'ils exécutent
sur-le-champ. Les Grecs et les Italiens qui servaient
librement à bord des navires ottomans sont aussi
taillés en pièces... Le sultan d'Istanbul prend sa
revanche un demi-siècle plus tard, lorsqu'il envoie
300 galères, «une forêt sur la mer», à l'assaut de
Nègrepont, la grande base vénitienne de l'Eubée, sur
la côte orientale de la Grèce. Cette année-là (1470),
la guerre maritime en Méditerranée change
brutalement de dimension. Les conflits suivants avec
la Sérénissime confirment les progrès des Ottomans,
qui se montrent capables de mettre en œuvre des
opérations de très grande envergure, loin d'Istanbul,
coordonnant avec une impeccable logistique
les opérations de la flotte et de l'armée de terre.

En août 1503, après le désastre subi près de
Zonchio, dans la mer Ionienne, la République
de Saint-Marc signe une paix aux conditions
mortifiantes avec l'Empire ottoman. Elle reconnaît
la perte de la plupart de ses possessions en Grèce
méridionale et en Albanie, dont Modon et Coron,
ces positions clés à l'extrémité du Péloponnèse que
les Vénitiens considéraient comme les «deux yeux
de la République». Venise essuie encore une
autre défaite sur la côte de l'Épire, à Préveza, aux côtés
des Génois et des Espagnols, face à la flotte turque
dirigée par Barberousse. La paix conclue en 1540
lui coûte 300 000 ducats et l'abandon des colonies
et fiefs de la mer Égée.

Ce portrait de Khayr
al-Din Barberousse
tenant à la main une
fleur donne une idée
peu guerrière de ce
personnage qui fut l'un
des plus grands acteurs
de la Méditerranée
de la première moitié
du XVIᵉ siècle. Maître
d'Alger en 1529,
Barberousse prête
serment d'allégeance
au sultan d'Istanbul
et fait de ce petit port
du Maghreb central
la principale base de
la course barbaresque.
C'est l'artisan essentiel
de la domination turque
sur l'Afrique du Nord,
d'Oran à Tripoli.
Amiral de la flotte
ottomane, il fut aussi
le grand adversaire
de la monarchie
espagnole et de Venise,
qu'il combattit
victorieusement à la
bataille de Préveza
(1538).

## L'Empire ottoman et l'Espagne se partagent la Méditerranée

Au cours du dernier tiers du
XVIᵉ siècle, l'Empire ottoman
atteint sa plus grande extension
territoriale. De Budapest
à Bagdad et de Damas à Alger,
il contrôle les Balkans, la plaine
danubienne, l'Asie occidentale,
le Proche-Orient, l'Égypte et
une bonne partie de l'Afrique
du Nord. Face à lui se dresse
la monarchie espagnole, qui
exerce son hégémonie sur
l'ensemble des pays s'étendant
depuis le détroit de Gibraltar
jusqu'à la Sicile, à l'exception
du Languedoc et de la Provence
– au roi de France – et
du Maghreb, même si l'Espagne
tient des garnisons sur la côte

tunisienne et marocaine. Il s'avère très difficile
de demeurer neutre et de conserver ses distances
vis-à-vis de ces deux blocs. Les orgueilleuses cités
de la péninsule italienne, telles Milan et Gênes,
sont presque toutes devenues des satellites
de Madrid; Venise et Raguse paient tribut
à Constantinople.

Louvoyant sans cesse entre ces deux grandes
puissances, la République de Saint-Marc est
parvenue tant bien que mal à sauvegarder
quelques-uns des plus beaux confettis de son
ancien empire : Chypre, la Crète, Corfou, une
étroite bande côtière en Dalmatie. Mais la frontière
avec les Ottomans est si proche de la lagune que
les Vénitiens croient entendre chaque matin le coq
chanter en turc...

La coexistence avec les Turcs est brusquement
remise en question au début de l'année 1570,
quand le sultan Selim II fait saisir les navires
vénitiens mouillés dans le Bosphore et les
Dardanelles. Les corsaires chrétiens fréquentent

Trois grandes étapes
marquent la conquête
ottomane. Dans
la seconde moitié
du XVᵉ siècle, les Turcs
s'emparent de la Grèce
et de l'Albanie.
En 1482, Rhodes résiste
au siège turc (ci-dessus)
et ne sera prise
qu'en 1522. A la fin du
XVᵉ siècle, c'est au tour
du nord des Balkans
(Roumélie, Bulgarie et
Serbie). Au XVIᵉ siècle,
c'est la conquête
de la Hongrie et de
la Transylvanie, puis la
soumission de la Syrie,
de l'Égypte, de l'Arabie
et de l'Irak. Dans l'est
de l'Europe, les Turcs
s'arrêtent aux portes
de Vienne; en Asie
occidentale, ils se
heurtent aux Perses
d'Iran.

Chypre ont fourni le prétexte de cet embargo. La colère du sultan est suscitée par son favori, Joseph Nasi, hostile à Venise, qui convoite les richesses de cette île. À la fin mars, le chaouch Kubad présente au Sénat les plaintes de la Sublime Porte. Il exige au nom de son seigneur, comme gage du maintien des bonnes relations diplomatiques et commerciales, la cession immédiate de Chypre. Alors même qu'elle a rejeté cet ultimatum et se prépare à lancer en quelques semaines, au prix d'un formidable effort, une centaine de galères, Venise essaie de négocier dans la coulisse.

La carte de la page suivante montre le partage de la Méditerranée vers le milieu du XVIIᵉ siècle. Tout le Proche-Orient obéit à Istanbul, hormis la Perse. Le «croissant» turc règne aussi sur la totalité des Balkans et des pays riverains de la mer Noire, ainsi que sur le Maghreb, sauf le Maroc. En Méditerranée occidentale, la monarchie espagnole reste la puissance prépondérante et conserve sa domination sur la péninsule italienne et la Sicile, même si elle sort très affaiblie du long conflit avec la France qui aboutit à la paix des Pyrénées (1659).

ANGLETE-ERRE

MARSEILLE

GENES

MER OCEANE

BRETMARCHE

BRETAIGNE

POICTOV

XAINTONGE

FRANCE

GASCOIGNE

LANGVE DOC

Les MONTS PYRANEE

GOLFE DU LION

GENVA

PROVENCE

TOSCANE

GALLICIE

BISCAIE

NAVARRE

CATALOGNE

ESPAGNE

Mer de GAL

CORSIQVE

VALENCE

CASTILLE

MER

DI

ANDALVZIE

MVRCIE

MER

DESTROIT DE GIBRALTAR

ALGER

TVNIS

TREMISEN

FES

TRIPOLI

MAROCS

ESCHELLE DES MILLES

NVBIA DESERTA

BARBARIA

Son ambassadeur à Constantinople voudrait se concilier le grand vizir, Mehmed Sokollu, plus sensible aux intérêts vénitiens. En vain. Au mois

de juillet, une flotte turque débarque à Chypre plusieurs dizaines de milliers d'hommes qui entament le siège de Nicosie, au centre de l'île.

**Pourquoi faudrait-il mourir pour Chypre?**

Les malheurs de Venise n'apitoient guère les Espagnols. On considère à Madrid que la Sérénissime reçoit la monnaie de sa pièce, qu'elle paie ainsi le juste prix de son double jeu. Le roi d'Espagne, Philippe II, est invité à la prudence par ses proches conseillers, le duc d'Albe et le cardinal de Granvelle, qui lui suggèrent d'observer et d'attendre. Venise gagne toutefois un soutien inattendu en la personne du pape Pie V. Ce pontife de combat pressent que l'affaire de Chypre pourrait permettre de regrouper, de ressouder les États chrétiens et d'envisager une nouvelle croisade contre l'Islam, la treizième.

Les discussions pour la formation d'une Sainte Ligue débutent à Rome le 2 juillet. Elles traînent en longueur, s'enlisent. Entre les diplomates espagnols et vénitiens, ce ne sont d'abord que réticences, méfiance et soupçons réciproques. Le pape, qui n'a même pas attendu l'ouverture des pourparlers, hâte les préparatifs, dans le port d'Ancône, de douze galères fournies par Venise. Le 11 juin, jour de la Saint-Barnabé, patron de Chypre, Marc-Antoine Colonna, duc de Palliano, a reçu des mains de Pie V le commandement de l'escadre pontificale. Au début d'août, les galères papales appareillent pour Otrante. Elles y attendent les trente-sept galères de l'escadre de Naples et de Sicile, promises

En 1538, la papauté, l'empereur Charles Quint, Gênes et Venise nouent une coalition contre les Ottomans qui aboutit à l'humiliation de la bataille de Préveza. Pie V (à gauche), élu pape en 1556, se dépensa sans compter pour combattre les deux ennemis de la catholicité : le protestant et le Turc.

par Philippe II, ainsi que douze galères génoises soldées par le monarque espagnol, les unes comme les autres conduites par Gian Andrea Doria. Le *condottiere* génois ne se presse pas de quitter Messine, où ses forces sont regroupées : «Avant de prendre la mer, disait-il, j'ai besoin de recevoir de nouveaux ordres.»

## Autant que la maladie, les hésitations et les jalousies des chefs sapent le moral de la flotte chrétienne

Parti le 30 mars 1570, le capitaine général de la flotte vénitienne Girolamo Zane mouille le 13 avril dans le port dalmate de Zara. Il s'y

trouve encore vers la mi-juin, attendant les instructions du gouvernement, ses vivres quasiment épuisés, ses équipages décimés par la dysenterie. On se décide enfin à l'envoyer en Crète où Marc-Antoine Colonna et Gian Andrea Doria le retrouvent dans les premiers jours de septembre. Tout est encore possible : Piali pacha, le capoudan, a presque désarmé sa flotte pour dépêcher des renforts à l'armée qui piétinait devant Nicosie. On met sous voiles le 13 septembre. Profitant d'un bon vent d'est, les galères vénitiennes, espagnoles et génoises, renforcées par celles de Malte, sont

Cette toile du Titien représente Philippe II comme un jeune et élégant cavalier. Après Lépante, le roi se pose plus que jamais en défenseur de la chrétienté aspirant à la monarchie universelle.

À gauche, une gravure illustrant les fruits de la Sainte Ligue. Le doge de Venise, le pape et le roi d'Espagne sont agenouillés pour remercier le Ciel après la victoire obtenue à Lépante. On remarque leurs couvre-chefs, insignes de leurs pouvoirs, qui sont déposés à leurs pieds.

au large de la côte de Cilicie à une cinquantaine de milles de Chypre lorsqu'elles apprennent la chute de Nicosie. La ville est tombée le 9 septembre et déjà les Turcs ont commencé le siège de Famagouste au sud-est de l'île. La nouvelle apporte de l'eau au moulin des indécis. De tergiversation en tergiversation, comme la mauvaise saison s'avance, on s'entend au moins pour se replier sur la Crète.

À la hauteur de Rhodes, un furieux coup de tabac disloque la flotte. Une galère vénitienne s'ouvre durant la tempête et sombre avec son équipage; d'autres se perdent ou s'échouent. Doria rallie la Sicile; Colonna et Zane, la Crète puis Corfou. À la fin de l'année 1570, pendant l'hivernage à Messine, la discorde règne dans le camp des défenseurs de la chrétienté...

### Le traité de la Sainte Ligue contre le Turc

La trêve de l'hiver favorise les marchandages et les négociations. Puis l'annonce du départ en campagne de la flotte turque, forte, croit-on, de 250 à 300 voiles, précipite la signature du traité de la Sainte Ligue, le 19 mai 1571. Les deux principaux partenaires, Venise et l'Espagne, conviennent avec la papauté, la plupart des États italiens et l'ordre de Malte de s'allier pour «détruire et ruiner le Turc». Les forces réunies seront placées sous le commandement en chef de don Juan d'Autriche, fils bâtard de Charles Quint et demi-frère de Philippe II, qui vient de s'illustrer en réprimant la révolte des morisques – les habitants maures du sud de l'Espagne.

Face à l'impétuosité de l'offensive ottomane, la machine de guerre de la Ligue tarde à se mettre en route. Durant cinq mois, la flotte turque évolue impunément dans la mer Ionienne, sans rencontrer d'adversaires. Les soldats débarqués pillent, brûlent, dévastent les îles et le rivage, raflent pour les emmener en captivité des milliers d'hommes, de femmes et d'enfants. Plus qu'une guerre de conquête, il s'agit d'une énorme razzia, dont le succès même, avec l'accumulation du butin, émousse la combativité des troupes. Les équipages

La flotte des Ottomans est comparable à celle des autres marines européennes, à ceci près qu'elle comprend une plus forte proportion de légers bateaux à rames comme les galiotes et les fustes, qui se prêtent encore mieux que les galères aux razzias le long des côtes. Les succès navals des Ottomans s'expliquent d'abord par l'écrasante supériorité numérique de leur flotte.

Cette miniature fait partie d'une série illustrant la campagne que la flotte ottomane accomplit en 1542-1543 dans la Méditerranée occidentale. Partie d'Istanbul, l'armée navale du sultan opéra sa jonction avec la flotte de François Ier afin d'entreprendre le siège de Nice, possession du duc de Savoie. La flotte turque passa par Gênes, qui est représentée ici avec beaucoup de fidélité. Deux grandes caraques (grands voiliers de charge) génoises semblent défendre l'entrée du port ligure. Les galères turques défilent devant Gênes, comme à la parade, toutes voiles dehors, leur navire amiral en tête, que commandait le fameux Barberousse. Si cette campagne franco-ottomane n'a donné aucun résultat, sinon quelques razzias, elle n'en marque pas moins l'apogée de la puissance navale du sultan, puisque sa flotte peut se permettre de narguer les Génois alliés au roi d'Espagne.

paraissent las, et la question de leur ravitaillement commence à se poser de façon cruciale.

Après avoir reçu l'ordre d'hiverner à Kotor (Cattaro) sur la côte albanaise, la flotte turque préfère se replier plus au sud, dans le port de Lépante, à mi-chemin du golfe de Patras et du golfe de Corinthe, excellente position stratégique en Grèce méridionale autrefois détenue par Venise. De nombreux officiers, des cipayes et des janissaires ont pris congé et sont rentrés chez eux, comme si la campagne se terminait. Les chefs ottomans estiment pour leur part que les infidèles n'entreprendront rien de considérable à l'approche de la mauvaise saison, mais si jamais la flotte «maudite» se présente, le sultan exige qu'on lui livre bataille...

Depuis les années 1500, au début de chaque printemps, les communautés de Sicile, de Calabre, des Pouilles, du pays napolitain s'interrogent et s'inquiètent : la flotte turque sortira-t-elle du Bosphore et, si oui, avec combien de navires et pour atteindre quels objectifs? Les nouvelles les plus folles courent de ville en ville et de village en village, comme une sorte de grande peur saisonnière, une véritable fièvre qui s'empare de l'Italie du Sud. Ce sont deux cents voiles turques qui auraient doublé le cap Matapan. Quelquefois, les rumeurs ou les alarmes sont fondées : les Ottomans débarquent en force, pillent, ravagent, enlèvent ceux qui n'ont pu fuir à temps pour s'enfermer dans une forteresse ou un château. Ci-contre, combats de galères turques en Méditerranée.

Même volonté dans le camp chrétien, pour lequel l'anéantissement de la flotte ottomane constitue désormais le but essentiel, avoué. Mais cette ferme ligne de conduite n'empêche pas les problèmes d'intendance et d'effectif. La lourde machine de guerre a été lente à se mettre en route. La mise au point des ordres de marche et les ultimes préparatifs nécessitent encore trois semaines. Les forces navales des coalisés se rassemblent à Messine en juillet-août 1571.

### La réale de don Juan en tête, l'armée navale appareille enfin le 16 septembre 1571

Arborant l'étendard de la Sainte Ligue, la flotte défile devant le nonce du pape qui, monté sur un brigantin à la sortie du port de Messine, lui donne sa bénédiction solennelle. Elle avance très laborieusement, traversant à petite allure le golfe de Tarente, contournant le talon de la botte italienne pour franchir le détroit d'Otrante et jeter l'ancre à Corfou le 26 septembre.

Au début de l'année 1571, Sebastiano Veniero remplace Girolamo Zane à la tête de la flotte vénitienne. Cet énergique septuagénaire donnera aux forces navales de Venise ce qui leur manquait : la volonté d'affronter l'ennemi, la rage de le vaincre.

À l'exception de la citadelle, l'île a été ravagée par les Turcs. Le spectacle des décombres avive la colère et l'indignation de Sebastiano Veniero, nouveau capitaine de l'escadre vénitienne, qui avait dû abandonner la place pour faire le pied de grue à Messine. L'amiral vénitien est exaspéré par les contretemps et les retards, dont les vents contraires ne sont pas, à son avis, les seuls responsables. L'escale de Corfou est marquée par plusieurs incidents qui accroissent la tension entre les alliés. Cette attente ne vaut rien de bon, mais il paraît dangereux de poursuivre

la route sans savoir où se trouve la flotte turque.

Dépêché en éclaireur avec quatre des meilleures galères, Gil d'Andrada, commandeur de Malte, a enfin découvert la position exacte des Ottomans, dans le port de Lépante au fond du golfe de Patras.

La flotte de la Sainte Ligue quitte Corfou le 3 octobre, cap au sud, et mouille le lendemain devant l'île de Céphalonie. C'est là qu'on lui annonce la prise de Famagouste, ultime foyer de résistance à Chypre. La garnison a été massacrée, le gouverneur écorché vif. Les Ottomans se sont également renseignés sur les mouvements de la flotte chrétienne. Un des leurs, le corsaire Kara Hodja, s'est même audacieusement faufilé en pleine nuit dans le port de Messine avec sa galiote peinte en noir pour dénombrer les navires de l'ennemi.

Les Turcs savent maintenant que don Juan recherche le choc décisif. Ils ont pris toutes les mesures indispensables pour rameuter les troupes, allant jusqu'à dégarnir les forteresses côtières de Grèce et d'Albanie. Des levées dans l'arrière-pays complètent les effectifs des rameurs : «On a pris tous les hommes que l'on pouvait, dira un prisonnier turc, à tel point qu'on n'a laissé que les femmes pour fermer les portes des maisons.»

À l'aube du dimanche 7 octobre 1571, la flotte de la Sainte Ligue atteint l'entrée du golfe de Patras, où les vigies reconnaissent les premières voiles turques qui viennent à sa rencontre, au sortir de Lépante. Les Ottomans croyaient trouver l'adversaire nettement plus loin, en dehors du golfe, à la hauteur de Céphalonie, mais ils ont le vent pour eux et ils peuvent se déployer à l'aise en travers de la baie, tandis que les navires chrétiens progressent plus difficilement au nord, coincés entre l'îlot d'Oxia et la pointe Scropha. Dans le camp de la Ligue, l'apparition de l'ennemi a refoulé les rancœurs et les ressentiments.

## Il est près de midi le dimanche 7 octobre 1571 quand les deux flottes se font face

La réale de don Juan et celle du capoudan Ali Pacha se saluent au canon : une immense clameur retentit alors dans la baie poussée par des dizaines de milliers de poitrines. Les injures, moqueries et imprécations adressées à l'adversaire se mêlent au bruit assourdissant des trompettes, des tambours, des fifres et des castagnettes. Les galères turques passent à l'attaque, voguant avant tout avec une impeccable ordonnance, en cadence d'éperonnage. Les lourdes galéasses de la Ligue, remorquées à l'avant de la ligne de bataille, auront raison de cette impétueuse charge de cavalerie légère. Leurs tirs nourris font merveille, semant le désordre, et

Les confédérés de la Ligue ont réuni 208 galères et 6 galéasses (ces galères marchandes transformées en vaisseaux de guerre). Plus d'un navire sur deux est vénitien, ce qui témoigne de l'énorme effort consenti par la République de Saint-Marc. Voilà une force bien plus italienne qu'espagnole, États et cités du nord au sud de la botte ayant construit et équipé les trois quarts des galères. Don Juan a tiré la leçon de la calamiteuse campagne de l'année précédente : il n'y aurait pas une escadre pontificale, une escadre vénitienne, une escadre génoise et une escadre espagnole, mais une flotte unique, partagée en trois corps de bataille, comprenant chacun des galères tirées de tous les détachements confédérés. La flotte ottomane aligne 230 galères et une soixantaine de galiotes. Elle se déploie d'abord en forme de croissant, puis se répartit en deux ailes, un centre et une arrière-garde. Les arsenaux du Bosphore, des Dardanelles et de la mer Noire ont fourni au moins la moitié des navires de l'armada ottomane, le reste provenant des diverses provinces maritimes de l'Empire : de Cilicie, de Syrie, d'Égypte, de l'Archipel, de Grèce, de Tripoli et d'Alger.

la surprise brisant l'élan des galères ottomanes, qui doivent traverser coûte que coûte ce rideau de feu pour atteindre l'ennemi. L'action se déroule simultanément sur trois fronts.

Au nord du golfe, les soixante navires de l'aile droite ottomane, menés par le pacha d'Alexandrie, Mehmed Shuluk, et le corsaire Gavur Ali, tentent de déborder la flotte de la Sainte Ligue en serrant la côte au plus près. Agostino Barbarigo, le commandant de l'aile gauche, a parfaitement compris le but de cette manœuvre. Il ordonne à ses galères de faire volte-face, puissamment soutenu par les deux galéasses des frères Bragadin, qui drossent les galères turques sur les bancs de sable et les écueils. Pris au piège, les équipages turcs abandonnent leurs bateaux et s'enfuient à la nage

Plutôt qu'une bataille en ligne, l'affrontement de Lépante ressemble à une mêlée assez confuse (ci-dessous). Les galères combattent bord à bord. La mer est jonchée de débris de rames et d'agrès. Les flammes et les pavillons aident à identifier les protagonistes : croissant pour tous les navires ottomans, aigle à deux têtes de la maison d'Autriche, croix blanche de l'ordre de Malte, croix rouge du duc de Savoie...

vers le rivage. L'aile droite ottomane a perdu au cours de cette affaire la quasi-totalité de son effectif. L'aile gauche chrétienne, en grande partie composée de Vénitiens, a chèrement payé son engagement : au cœur de la lutte, Agostino Barbarigo est mortellement blessé d'une flèche à l'œil gauche.

À l'autre extrémité du front, Uludj Ali, le beylerbey (gouverneur) d'Alger, s'apercevant que son adversaire, l'amiral génois Gian Andrea Doria, par une maladresse inexplicable (que d'aucuns assimileront à une trahison), s'est trop écarté et ne protège plus le flanc droit du centre de l'armée chrétienne, se rue dans l'ouverture ménagée. Il enveloppe l'adversaire, qui se bat à un contre cinq. La capitane de Malte, à elle seule, subit l'assaut de sept galères ottomanes et plie sous le nombre.

Don Juan d'Autriche (ci-dessus), chef de la Sainte Ligue et fils de Charles Quint, eut, lors du combat, un rôle déterminant, par son charisme et sa détermination.

Ce tableau met en scène les différents types de navires qui ont combattu à Lépante. On distingue à l'arrière-plan plusieurs des galéasses vénitiennes à deux ponts, qui ressemblent à de véritables forteresses flottantes. La plate-forme supérieure porte des troupes d'assaut. Elle est ceinturée par des canons disposés tout autour du bordé, qui constituent la force des galéasses. Le pont inférieur porte le système de vogue, comme sur les galères antiques. Au premier plan, une galère turque fait face à une galère de Malte. Les deux navires font feu l'un contre l'autre avec leurs canons logés sous la rambade.

LA MERAVIGLIOSA, E GRAN VITORIA, DATA, DA DIO A CRISTIANI

En plus de leurs
étendards respectifs
aux armes de leur
souverain, les navires
de la Ligue ont adopté
des signaux selon leur
ordre de bataille. L'aile
droite, dirigée par Gian
Andrea Doria, se
signale par des petites
flammes de taffetas
vert. Les unités de
l'aile gauche, que
conduit Agostino
Barbarigo, portent
des pavillons jaunes,
et la réserve, confiée
à Alvaro de Bazan,
se distingue par des
cornettes de taffetas
blanc. Au centre, les
galères commandées
par don Juan arborent
des banderoles azur.
Toutes les capitanes
des officiers généraux
se trouvent là,
flanquant la réale
de don Juan : celles
de Venise, des États
pontificaux, de Savoie,
d'Espagne, de Malte.

Toutefois, les galères siciliennes arrivent bientôt à la rescousse, puis la réserve, et enfin l'escadre de Doria, qui a viré de bord et s'efforce de réparer sa bévue. Comme le rapport des forces n'est plus en sa faveur, Uludj Ali préfère lâcher prise, sauvant la plupart de ses navires.

### La phase décisive du combat se joue au centre

Toute dérobade semble impossible. Des dizaines de duels opposent, d'un bâtiment à l'autre, les soldats et officiers, qui s'étripent et s'assomment avec ce qui leur tombe sous la main : «Cette mêlée en est arrivée à un point tel, en beaucoup d'endroits, qu'on voit les hommes rire aussi bien que pleurer.» Les coups d'éclat, les actes de valeur et les gestes épiques se multiplient, mais aussi des épisodes burlesques qui émaillent ce sombre et meurtrier

C'est peut-être la puissance de feu des navires de la Ligue qui a permis la victoire. On dénombre 500 arquebusiers à bord de chaque galéasse, 250 à 300 sur les capitanes et la réale, et au moins une centaine sur les autres galères, alors que sur les bateaux turcs, seuls les janissaires paraissent munis d'armes à feu, le gros de la troupe se contentant d'arcs et de flèches.

corps à corps. Tel prétendu héros, qui se pavanera
dans Rome après la bataille, un bandeau noué
autour de la tête, est resté prudemment caché
dans la chambre de poupe, enfoui sous une pile
de vieux matelas...

Le sort de la bataille semble balancer d'un côté
et de l'autre, jusqu'à ce que la galère amirale turque
soit investie et que son chef succombe à ses
blessures ou se suicide. La mort du capoudan et
la prise de sa galère, où flotte à présent l'étendard
de la Ligue, découragent ce qui reste de la flotte
ottomane, déjà sévèrement étrillée à ses deux ailes.
Les galères turques qui peuvent encore s'échapper
refluent vers le port de Lépante. Le bilan du
carnage apparaît impressionnant : 7 à 8 000 morts
et 20 000 blessés dans le camp de la Ligue,
20 à 30 000 victimes chez les Ottomans.

Sur une galère turque
à court de munitions,
un témoin italien
remarque des soldats
«qui lancent des
citrons et des oranges,
dont ils ont une grande
quantité [...] que
certains des nôtres
leur renvoient pour
se moquer d'eux».

Selon l'un des combattants, «la mer est recouverte
d'une quantité innombrable de cadavres qui
la rendent comme du sang».

L'annonce de l'éclatante victoire remportée par
la flotte de la Sainte Ligue provoque en Occident
une explosion de liesse populaire. Les gens veulent
croire au miracle. La bataille s'était déroulée
un dimanche, le jour du Seigneur qui avait sans
aucun doute béni et favorisé cette pieuse entreprise
contre l'Islam. À Venise, durant une semaine de
réjouissances ininterrompues comme un carnaval
d'automne, les passants lisent sur les volets des

boutiques fermées pour cause de fête : «*Chiuso per la morte dei Turchi.*»

## Les forces turques ont tout de même gagné la guerre de Chypre

Au lendemain de Lépante, alors que la Sainte Ligue, vite désunie et déchirée par ses rivalités, se révèle incapable d'exploiter sa victoire, l'Empire ottoman a surmonté sa défaite. Au cours de l'été 1572, un an après Lépante, une armée de 250 galères et 8 galéasses turques, commandée par Uludj Ali, nouveau capoudan, se livre à une démonstration de force en Méditerranée orientale. Venise, une fois de plus, se résigne à traiter avec le sultan de Constantinople, auquel elle verse un tribut de 300 000 ducats. Chypre demeure aux mains des Ottomans. «Il y a une grande différence entre votre perte et la nôtre», dit le grand vizir au *baile* (l'ambassadeur) de Venise. «En vous arrachant un royaume [Chypre], nous vous avons enlevé un bras; en battant notre flotte, vous nous avez seulement coupé la barbe. Le bras tranché ne repousse plus, la barbe rasée revient plus épaisse», conclut le ministre ottoman.

Quel fut l'impact de l'affrontement de Lépante? Malgré leur terrible défaite, les Ottomans conserveront les positions qu'ils détenaient sur la côte occidentale de la Grèce, à quelques milles des côtes d'Italie du Sud. Lors de la prise de Tunis par Uludj Ali, en 1574, ils accroissent même leur influence sur l'Afrique du Nord. Toutefois la bataille – et c'est là son résultat le plus appréciable – a brisé l'image de l'invincibilité des forces navales turques, et barbaresques. Après Lépante, les populations chrétiennes de la Méditerranée occidentale ne subiront plus les raids dévastateurs qui les avaient terrorisées durant plus d'un demi-siècle. Les galères vénitiennes arboreront comme figures de proue des images de leurs rivaux défaits et enchaînés (ci-contre).

Après la bataille de Lépante, Venise
se résigne à la perte de Chypre mais
maintient sa domination sur la Crète
et, soulagée des lourdes dépenses qu'a exigées
cette guerre, peut enfin rouvrir les routes
commerciales vers le Levant. Le nouveau
siècle s'annonce néanmoins comme
une époque de grave stagnation politique
et économique. La marine vénitienne ne joue
plus désormais qu'un rôle de second plan.
Ce déclin va se poursuivre au long
du XVIII<sup>e</sup> siècle, malgré la splendeur
d'une période artistique fastueuse.

**CHAPITRE 4**

# UN INEXORABLE DÉCLIN

Sur la façade de l'église
Santa Maria del Giglio,
des bas-reliefs
représentent batailles
navales et vues
panoramiques des places
fortes vénitiennes
commanditées
par Andrea Barbaro,
proviseur général en
Dalmatie. Ci-contre, *Le
doge se rendant à Santa
Maria della Salute*,
peinture de Francesco
Guardi (vers 1770).

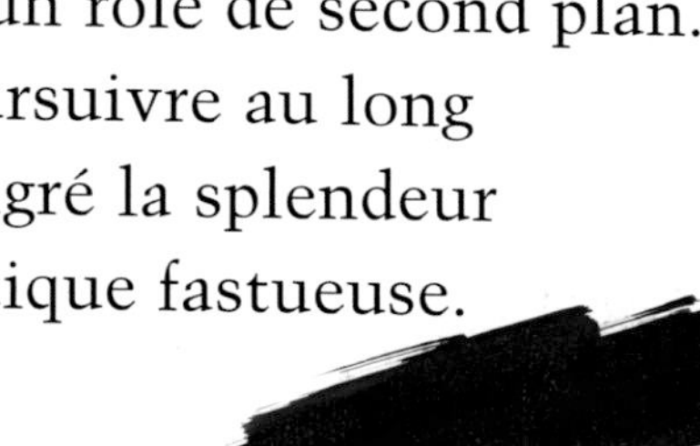

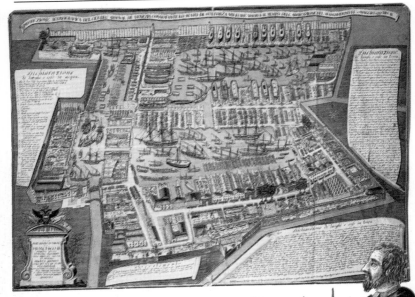

La flotte marchande de Venise, très amoindrie
par la guerre contre les Ottomans, est supplantée
dans les échanges commerciaux par les navires
de la concurrence, en particulier anglais et français.
En outre, la défense des îles et des domaines
maritimes s'était révélée un «tribut dramatique
payé à la tradition» qui avait coûté aux caisses
de l'État le double de ses revenus.

## La Terre Ferme, futur eldorado

La supériorité des nouvelles techniques navales
venues du Ponant, le développement en
Méditerranée de la concurrence des États de
l'Europe occidentale et la mutation des équilibres
commerciaux incitent l'aristocratie marchande
à diversifier ses investissements en délaissant
les objectifs maritimes traditionnels pour ceux
de la Terre Ferme. La noblesse vénitienne
s'intéresse à la plaine du Pô et entreprend une
politique de bonification et d'investissements
fonciers. Ce changement d'orientation économique,

amorcé au XVIe siècle quand Venise était la plus riche cité d'Europe, s'accentue au siècle suivant.

Grâce à de solides investissements sur la Terre Ferme, les grandes familles parviennent à surmonter la crise des échanges maritimes. Orgueil de Venise, Lépante reste une entreprise glorieuse, célébrée dans tous les hauts lieux symboliques du pouvoir et, en cette période difficile, semble agir comme un exorcisme. La «porte de Terre» de l'Arsenal, moteur de cette victoire, s'orne désormais de deux victoires ailées et de l'inscription «VICTORIAE NAVALIS MONIMENTUM, MDLXXI».

### Venise tente de maintenir sa puissance économique

Malgré la perte de Chypre, la République confirme sa politique de «neutralité armée». La crise du marché maritime s'aggrave; il devient de plus en plus difficile de trouver des financiers et la peur du Turc persiste. Pourtant la Sérénissime parvient à vivre «au rythme de plus en plus accéléré de l'économie mondiale» (Fernand Braudel), en compensant par un renforcement de sa puissance industrielle les lourds déséquilibres financiers et les pertes démographiques causées par les combats maritimes et la terrible peste de 1576.

Le port de Venise perd peu à peu de son importance tandis que les flottes

L'Arsenal (à gauche, une vue en perspective du XVIIIe siècle; ci-dessous, une vue de la darse neuve par F. Zucchi) était une ville dans la ville, ayant ses propres lois et des statuts autonomes. De nombreux corps de métiers y travaillaient. L'architecte naval (en bas, à gauche), est celui qui conçoit les prototypes des navires.

anglaise, française et hollandaise supplantent celle de la Sérénissime sur de nombreux marchés méditerranéens.

À la fin du XVIᵉ siècle, l'Arsenal n'a plus les rythmes de production d'autrefois : la stagnation des techniques de construction navale conduit les responsables du grand chantier à s'atteler au problème des galéasses. En 1593, on fait même appel à Galilée qui enseigne les mathématiques, l'astronomie et la physique à Padoue.

Pour combattre les pirates qui, le long des côtes de l'Adriatique, s'en prennent surtout aux navires vénitiens, on étudie une galéasse plus rapide et plus sûre.

Un prototype conçu pour

Pour prévenir les incendies, Venise crée un service d'extinction des feux confié à des ouvriers de l'Arsenal (à gauche). Malgré les précautions et un règlement rigide, un incendie ravage l'Arsenal en 1569, provoquant l'explosion du dépôt de poudre. Le travail des différents corps de métiers obéit également à des règlements drastiques. Sur les deux panneaux peints ci-dessous sont représentés les calfats, ouvriers spécialisés dans l'assemblage et l'étanchéité des flancs du navire. Les *calafatti da figger* clouaient les bordages sur la charpente, tandis que les *calafatti da maggio* étalaient de la poix sur les planches et les jointures précédemment garnies d'étoupe. La fabrication des rames était l'affaire des *remeri* (en bas, à droite).

RESTAVRATA L'ANO MDCXIX
IN TEMPO D' A⁰ AGVSTIN GRANDI GASTALDO D' CALAFAI DELL'AR

un équipage de 500 marins, comprenant 280 rameurs (dont une centaine sont des prisonniers enchaînés), est réalisé : il se révélera efficace mais trop lent à la manœuvre. En 1599-1600, Galilée visite plusieurs fois l'Arsenal, propose ses idées et ses solutions qu'il discute avec les contremaîtres, et «fait dans plusieurs lettres l'éloge de leurs ardentes capacités d'invention».

### Lépante entre dans la légende

La victoire navale de 1571 aura été la dernière grande gloire de Venise. Les années qui suivent voient se creuser un contraste singulier mais très symptomatique : plus l'Arsenal perd de son importance, plus la République augmente ses dépenses pour

Responsables des divers secteurs de production de l'Arsenal, les contremaîtres (ci-contre) avaient en charge les aspects techniques, et suivaient les différentes phases de construction des navires. Ils réglaient aussi les questions d'organisation, très complexes étant donné le grand nombre d'ouvriers sous leurs ordres. Ils supervisaient le travail des maîtres artisans et distribuaient les matières premières aux ouvriers. L'attribution de la charge était décidée par les patrons de l'Arsenal dont l'histoire fut marquée par de véritables dynasties de contremaîtres, comme les Natal, les Baxon, les Bressan.

IDXVII · IN · TENPO · DE · MAISTRO · NICHOLO · DE · MARCHO · MARCHOVECHIO · DITO · DE · ANDRONICHO · GASTALDO · DE · L'ARTE · DE · REMERI · E · DI · SVO · 9PAGNI

RESTAVRATA · L'ANO · M·D·C·IX · INTEMPO · D' · M · BALDISERA · D' · DG · GASTALDO · D' · REMERI

décorer fastueusement son fameux chantier :
au XVIIᵉ siècle, on y accède par une splendide
esplanade agrémentée de sculptures de trophées
d'armes et d'imposants lions de marbre montant
la garde. Le palais des Doges et tous les lieux
«officiels» du pouvoir vénitien
sont ornés de statues et
de peintures qui rappellent
la grandeur maritime
d'autrefois. Véronèse,
le Tintoret, Palma le
jeune et leurs élèves
décorent les salles
de toiles
triomphantes
chargées des
symboles de
l'allégeance des
puissances de la mer
à Venise : *Venise
reine*, *Venise reçoit
l'hommage de la mer*,
*Le Triomphe de
Venise*… jusqu'au
XVIIIᵉ siècle avec Tiepolo
et ses Neptune déposant
leurs cadeaux aux pieds
d'une Venise impérieuse
mais en réalité en plein déclin.

## La menace espagnole

En 1606, l'excommunication par le pape Paul V
du doge Leonardo Dona et du théologien Paolo
Sarpi fait peser un grave danger sur la Sérénissime :
l'Espagne, l'archiduc d'Autriche et le duc de Savoie
qui encerclent Venise par la terre – s'étant alliés
pour ce faire avec le duché de Milan et l'archiduché
du Tyrol – et par la mer grâce au soutien de la flotte
du royaume de Naples se rangent alors du côté
du pape. Depuis les côtes de Dalmatie et de Croatie
les Uskoks, des pirates slaves longtemps sous
la protection des Habsbourg, resserrent eux aussi
la pression sur Venise. En 1617, le vice-roi espagnol

de Naples pénètre dans l'Adriatique à la tête d'une flotte nombreuse. L'Angleterre et la Hollande viennent alors au secours de la Sérénissime qui peut armer en peu de temps une flotte constituée

de pas moins de soixante navires (galères, galéasses et voiliers) et libérer l'Adriatique. Ce nouvel épisode de la «guerre de Gradisca», une localité sur l'Isonzo dans l'Istrie et un nid de pirates, permit d'en finir en partie avec le problème pluriséculaire de la piraterie et s'achève par la paix de Madrid en 1617. Lors de la guerre de Trente Ans (1618-1648), la République observera par contre une position de neutralité et d'équidistance.

Après la bataille de Lépante, Venise trouve au palais des Doges, siège du gouvernement et du Sénat, le cadre idéal pour célébrer ses triomphes maritimes. Une profusion de bas-reliefs et de dorures précieuses y encadrent les œuvres des plus grands artistes de l'époque aux titres éloquents, comme *Le Triomphe de Venise* de Jacopo Palma le jeune (page de gauche) qui fait partie d'un cycle d'œuvres conçues pour la salle du Grand Conseil. La salle du Scrutin est ornée d'un ensemble de peintures, telles *La Bataille de Lépante* d'Andrea Vicentino et *La Morée soumise* (ci-contre) de Gregorio Lazzarini. Dans la salle du Sénat, siège de la plus vieille instance de gouvernement de la cité, la toile placée dans le caisson central du somptueux plafond de l'ébéniste Cristoforo Sorte, *L'Apothéose de Venise*, fut conçue par le Tintoret et réalisée en grande partie par son fils Domenico.

## Une tragédie sans fin : la guerre de Candie

Les Turcs attaquent de nouveau Venise en 1646 : ils débarquent en Crète, dernière possession importante de la Sérénissime en mer Égée. Candie, la principale place de l'île, est assiégée. Les puissances chrétiennes sont alors engagées dans la guerre de Trente Ans et la République est en pleine crise économique. Pourtant, grâce aux fonds que la vente de titres de noblesse à des familles aisées a permis de collecter, elle parvient à armer une flotte puissante et, profitant de la guerre en Hongrie entre les Habsbourg et les Turcs, réussit à repousser la nouvelle attaque.

« La résistance forcenée de la forteresse de Candie suscita l'admiration de toute l'Europe. On en fit un récit romanesque où se succédaient assauts et sorties, mines et contre-mines, ravins perdus et reconquis. Apporter sa contribution à la cause de la chrétienté en se battant pour Candie devint à la mode. »

Frederic C. Lane (historien, 1986)

Pour défendre Candie, possession vénitienne depuis la quatrième croisade (1204), la République se lance dans une guerre qui va durer plus de vingt-cinq ans dans l'indifférence des autres États, sauf de l'ordre de Malte.

Parmi les nombreuses péripéties de cette guerre, on retiendra les expéditions aux Dardanelles dirigées par Lorenzo Marcello qui mourut en 1656 face à une armée turque très supérieure en nombre et celle de Lazzaro Mocenigo qui sauta avec son navire pour empêcher la flotte ennemie de sortir des Dardanelles. Cent mille marins et soldats et presque trois cents gentilshommes perdirent leur vie dans la défense de Candie, le Sénat ayant donné l'ordre de tenir à tout prix dans l'espoir de ne pas perdre cette dernière et très précieuse place forte.

Une intervention de Louis XIV en 1668 semble apporter de l'aide aux Vénitiens mais le roi de France a pour souci essentiel de ne pas compromettre les relations avec les Turcs. L'expédition ne dure que quelques mois. Le 6 septembre 1669, considérant que la situation stagne et qu'il faut trouver une issue, Francesco Morosini décide d'évacuer Candie, sans consulter le gouvernement de la République. Il termine ainsi la guerre avec l'honneur des armes, Venise conservant quelques ports crétois. Le tribut humain de cette guerre est très lourd et son coût s'élève à 150 millions de ducats, un chiffre exorbitant pour l'époque. De retour à Venise, Morosini affronte les âpres reproches du gouvernement qui voit dans la perte de la Crète un coup mortel pour la République.

Au cours des XVIe et XVIIe siècles, les voyageurs et surtout les marchands italiens furent nombreux à se rendre dans l'Empire ottoman, en particulier à Constantinople. Les impressions recueillies au cours de ces périples au Levant inspirèrent des ouvrages sur les us et coutumes des Turcs ainsi que des dessins et des miniatures, tel cet ambassadeur ottoman (ci-dessous).

La seule manière de s'assurer Candie aurait peut-être été de participer à la coalition antiturque organisée par le pape avec la France et l'Autriche, mais il aurait fallu pour cela que Venise accepte une condition à laquelle elle se refuse : permettre aux Jésuites, expulsés de Venise à l'époque de l'Interdit (1605), d'y revenir (ce qui advient effectivement en 1657).

## Un héritage difficile

Les caisses de l'État ayant été complètement vidées par les précédentes expéditions militaires, la République vend des titres de noblesse aux plus riches familles de parvenus. Désireux d'affirmer leur ascension sociale, ces nouveaux aristocrates font construire des palais fastueux

PETRVS MAVROCENVS IN PELOPONNESVACO BELLO DVS GENER NEXVIRIS COMITTA MAIORA COGENTIBVS BRIXIÆ PRÆFECTVS MAGISER CARIA GENTIS SVCCES FORIS PMV

au sommet desquels on note souvent deux obélisques qui symbolisent la charge de *capitanio da mar*, «capitaine général de la mer», dont un des membres de la famille est titulaire. Mais à cette volonté de célébration ne correspond aucune capacité concrète de renouvellement des techniques de construction navale.

Le palais Belloni-Battalia sur le Grand Canal (au centre) fut commandité à l'architecte Baldassare Longhena par le riche marchand Girolamo Belloni, un *capitanio da mar*. Angelo Memmo IV (ci-dessous) fut élu à cette noble charge tandis que Pietro Morosini (page de gauche) fut ambassadeur durant la guerre du Péloponnèse.

L'Arsenal avait attendu jusqu'en 1660 pour s'aligner sur les marines de l'Europe occidentale dans la production de vaisseaux à voilure carrée. Jusqu'à cette date, Venise louait et même achetait directement à la Hollande ou à l'Angleterre ses navires de guerre, autre que les galères. Le premier vaisseau «carré» sorti de l'Arsenal est le *Jupiter fulminant* (1667) construit sur le modèle d'un bâtiment anglais acquis par la marine vénitienne. Tous les navires construits à l'Arsenal pâtissent d'une condition imposée par la topographie du port de Venise : à cause du manque de profondeur, l'œuvre vive (la partie immergée de la coque) est abaissée, tandis que l'œuvre morte (la superstructure) reste inchangée. Si les vaisseaux vénitiens paraissent agiles et sûrs comme ceux des Anglais, ils sont en réalité peu fiables et risquent assez fréquemment le naufrage.

À la fin de la guerre de Candie, l'Arsenal semble avoir perdu le sens de sa fonction industrielle.

Au cours de la bataille de Lépante, six galéasses réformées se révélèrent très utiles une fois dotées d'une artillerie de proue, de poupe et sur leurs flancs («feu de bordée»). Cet expédient assura en partie la victoire de Venise, mais ce nouveau type de navire, inapte à satisfaire à la fois les nécessités du commerce et celles de la guerre, fut retiré de la flotte de la Sérénissime. Ci-dessus, une galéasse réformée du début du XVIIIe siècle. Il s'agit d'un navire à voiles avec des rames disposées «en peigne», c'est-à-dire tournées vers le haut.

Francesco Morosini fut, à la fin du XVIIᵉ siècle, à la tête de toutes les entreprises guerrières de Venise. Après avoir été vivement critiqué lors de la reddition de Candie, il sut reconquérir la confiance des Vénitiens lors d'une nouvelle offensive contre les Turcs en 1684. Le tableau ci-contre montre le Mérite personnifié sous les traits d'un guerrier valeureux tendant au «héros du Péloponnèse» quatre bâtons de commandement (utilisés pour donner les ordres sur les navires) en souvenir des quatre charges de *capitanio da mar* qui lui furent conférées.

Le temps des possessions vénitiennes en Orient est achevé. Mais avec la guerre du Péloponnèse l'occasion est venue de «la reconquête la plus périlleuse de l'histoire de la marine vénitienne».

### Francesco Morosini, le «héros du Péloponnèse»

Après la guerre de Candie, bien qu'une partie de la population et de l'aristocratie vénitienne lui ait manifesté sa sévère réprobation, Francesco Morosini est accueilli par des fêtes et couvert d'honneurs. En 1684, quand les Ottomans, qui viennent de lancer une offensive en Europe, arrivent aux portes de Vienne, le commandement suprême de l'expédition contre les Turcs lui est confié. Venise entre alors dans une nouvelle Sainte Ligue avec les États de l'Église, l'Autriche et la Pologne.

Les armées chrétiennes unissent leurs forces pour repousser les Turcs par voie de terre.

### Les exploits de Morosini

Toute une série
d'œuvres picturales,
aujourd'hui conservées
dans les salles
Morosini du musée
Correr à Venise,
est consacrée à
la glorification du
*capitanio da mar*
Francesco Morosini.
La plupart des toiles
représentent les
batailles auxquelles
il prit part. *Le Départ
du bassin de Saint-
Marc du doge Morosini
pour le Levant* est une
œuvre du peintre du
XVIIᵉ siècle Alessandro
Piazza qui fait partie
d'un ensemble de
quarante-huit tableaux
dédié au doge et
provient du palais
Morosini, résidence
de cette noble famille
vénitienne connue
depuis le XIIᵉ siècle.
Ornant la façade
de l'édifice qui donne
sur le campo Santo
Stefano, les exploits
maritimes du
*condottiere* sont
évoqués par une tête
d'hippocampe sur le
portail principal et
deux monstres marins
sur les portes latérales.

## «Le Débarquement du doge victorieux»

Francesco Morosini fut le dernier Vénitien à détenir à la fois la charge de doge et celle de commandant suprême de la flotte. La conquête de l'Attique et du Péloponnèse sur les Turcs lui valut l'appellation de «héros du Péloponnèse». Cette immense toile d'Alessandro Piazza représente *Le Débarquement du doge victorieux à San Nicolò del Lido*. On aperçoit dans la partie gauche du tableau le prolongement de l'île du Lido où accostent de nombreux navires, tandis qu'au premier plan, dans un imposant pavillon de réception orné de drapeaux, se presse une petite foule venue accueillir les vainqueurs.

**Une cérémonie
solennelle**

Le doge *capitanio
da mar* Francesco
Morosini est tué sur
le front de Nauplie
le 6 janvier 1694.
Ce tableau, *Le Doge
ramené de Nauplie
de Romanie*,
commémore la
cérémonie solennelle
de rapatriement
du corps : on aperçoit
au premier plan
la porte de Nauplie
en Romanie ainsi
qu'un long cortège
de militaires, des
drapeaux, des canons
et des chevaux qui se
dirigent vers l'église
représentée au fond.

Pendant ce temps, Francesco Morosini reconquiert
rapidement la Morée (c'est-à-dire le Péloponnèse),
ancienne possession vénitienne perdue depuis
la fin du XVe siècle. Le 29 septembre 1687, il entre
dans Athènes et, quelques jours plus tard, envoie
au Sénat de Venise une dépêche dans laquelle
il annonce que «par un coup fort heureux» il a fait
exploser la poudrière turque installée dans
le Parthénon, le détruisant presque complètement.
En 1668, les deux imposants lions de marbre razziés
à Athènes sont transportés à Venise et, en 1692,
placés de chaque côté de la «porte de Terre»
de l'Arsenal.

La même année, alors qu'il combat encore en
Grèce, Francesco Morosini est élu doge de Venise.
Cette consécration à la plus haute charge de l'État
vient couronner la carrière du grand commandant.
Mais l'adhésion de Venise à la Sainte Ligue
se révèle infructueuse car les alliés chrétiens
ne l'aident pas à reconstruire le vieux système
colonial : au lieu de reconquérir des îles
stratégiquement importantes comme la Crète,
ils s'en tiennent à l'occupation de territoires
que Venise n'a aucun intérêt à conserver.

Lors de l'attaque
de Morosini contre
Athènes, en septembre
1687, un canon
vénitien fit exploser les
munitions entreposées
par les Turcs dans le
Parthénon (ci-dessus).
Les deux lions de
pierre (à droite, l'un
d'eux) faisaient partie
du butin qu'il rapporta
de la guerre de Morée.
Les reliefs des battants
et la base du pilier de
bronze sur l'esplanade
qui relatent les
exploits du «héros du
Péloponnèse» furent
réalisés lors des
travaux destinés à
moderniser l'Arsenal
et à relancer le prestige
maritime de Venise.
La «porte de Terre»
fut également décorée
d'allégories militaires,
le dallage du site fut
refait et le pont sur
le canal reconstruit.

Un des deux
lions du portail
de l'Arsenal porte
une inscription
en caractères
runiques. Le texte
se réfère peut-être
à la répression
d'une révolte
populaire à Athènes
vers 1040 par des
soldats mercenaires
scandinaves
au service
de Byzance.

La paix de Carlowitz en 1699 confirme
la possession du Péloponnèse. C'est donc pour
Venise un succès militaire, mais qui sera éphémère,
tant il lui sera difficile de maintenir son contrôle
sur une province aussi lointaine. En 1693, âgé
de soixante-quatorze ans, Morosini repart en
qualité de doge-capitaine général de la mer
pour étendre ses conquêtes. Il meurt sur
le front de Nauplie le 6 janvier de l'année
suivante. Un buste de bronze lui est alors
dédié, qui est exceptionnellement placé
au palais des Doges, tandis que l'entrée
de l'Arsenal s'orne de nouvelles sculptures
et décorations. Ainsi, Venise entend
exorciser le souvenir du quart de siècle
qui vient de s'écouler dans l'obsession
du siège et de la perte de Candie.

### La perte du Péloponnèse

Les victoires de Morosini sont réduites
à néant en 1714 lorsque les Turcs
reprennent la Morée et arrachent
aux Vénitiens toutes leurs récentes
conquêtes au Péloponnèse. Comme

lors des crises précédentes, Venise renoue l'entente militaire avec l'Autriche, qui a cependant tout intérêt à restreindre le champ d'influence de son alliée sur la mer à l'avantage du port de Trieste. *Lo stato da mar*, l'«État de mer», ne désigne désormais plus que Corfou, défendu à grand-peine par la marine de la République et qui demeurera en sa possession, même lorsqu'en 1716 l'armée turque lui fera subir quarante-deux jours de siège.

La fin de la guerre du Péloponnèse marque aussi la fin de l'activité du chantier de l'Arsenal. De longues périodes de stagnation alternent avec des moments d'activité intense comme, entre 1715 et 1718, lorsque vingt-trois navires sont lancés pour les besoins de la guerre de Corfou.

### Perte de force, de rôle, de prestige

Le traité de Passarowitz, conclu en 1718 entre l'Autriche et l'Empire ottoman à l'insu de Venise, réduit les territoires vénitiens à la seule île de Corfou et à quelques ports et bases navales d'importance mineure. Le dernier siècle de la République s'ouvre donc par une paix qui voit Venise confinée dans un rôle de plus en plus marginal. La mer, autrefois domaine incontesté de Vénitiens, est sillonnée par les navires des plus grandes puissances européennes; même en Adriatique, l'importance militaire et commerciale de ports comme Ancône et Trieste ne cesse de croître. Pour Venise s'ouvre une période d'immobilisme politique, de neutralité unilatérale avec les grandes puissances en expansion qui n'hésitent plus à faire traverser par leurs armées les territoires de la Sérénissime.

Au cours des dernières années du XVIIIᵉ siècle, la République rechigne à s'adapter aux nouvelles idées qui se répandent dans toute l'Europe et se crispe sur ses traditions conservatrices. Ce retournement des équilibres internationaux, cette perte effective de pouvoir de la part des Vénitiens, va entraîner une crise d'identité de l'élite militaire et industrielle

La défense acharnée de l'île de Corfou contre l'attaque des Turcs permit aux Vénitiens, aidés de contingents portugais et pontificaux et soutenus par l'empereur d'Autriche, de ne pas perdre cette importante place forte. La victoire fut cependant amère pour la Sérénissime : l'Autriche lui imposa une paix qui la contraignit à accepter la perte de la Morée et à renoncer à la place forte de Dulcigno en Dalmatie. Ci-dessous, une représentation de l'ancienne forteresse de Corfou. La carte (page de gauche) montre les positions respectives de l'armée chrétienne et de l'armée turque qui comptait dans ses rangs des janissaires (au centre), un corps d'élite de l'infanterie ottomane.

démoralisée et donc de l'Arsenal dont l'activité s'était, au XVIIe siècle, concentrée sur le renforcement de la flotte militaire.

## Un chantier obsolète

À partir de 1718, le chantier militaire entre dans une période d'immobilisme : l'Arsenal produit moins d'un navire par an, lequel reste souvent en cale si longtemps qu'il faut plus de cinquante années pour que l'on puisse considérer un navire comme véritablement terminé. Une des rares grandes réalisations de l'époque fut *Le Lion triomphant*, un vaisseau à voiles carrées, aux dimensions tout à fait nouvelles et si efficaces en mer qu'il servira de modèle. Néanmoins, dans son ensemble, l'activité du chantier de l'Arsenal décroit tout au long du XVIIIe siècle.

La construction de galions armés de canons disposés sur leurs flancs à la place des rangées de rames oblige les ingénieurs de l'Arsenal à chercher un système qui évite l'échouage sur les bas-fonds. Le problème est résolu grâce à l'adoption des «chameaux», des plates-formes flottantes spécialement lestées d'eau qui sont arrimées de chaque côté de la coque, et, grâce à un système de pompes hydrauliques, la surélèvent afin de permettre au navire d'atteindre l'embouchure des ports puis la mer. L'invention des «chameaux» d'origine hollandaise constitue une des rares innovations techniques que le gouvernement de Venise, traditionnellement hostile à toute

Cette gravure du XVIIIe siècle (à droite) représente le transport d'un vaisseau de soixante-quatorze canons, l'*Aigle vaillant*, depuis l'Arsenal jusqu'au port de Malamocco par le système des «chameaux», qui étaient fixés au navire par des poutres que l'on faisait passer à travers le navire par les ouvertures des canonnières. L'opération (représentée dans la gravure ci-dessous) nécessitait plusieurs hommes dont un qui était chargé de la manœuvre du «chameau» à l'aide d'un timon.

*Disegno de Cannoelli posti in uso per sollevare le Navi.*

*Al Serenissimo Principe Giovanni Cornaro Doge di Venezia.*

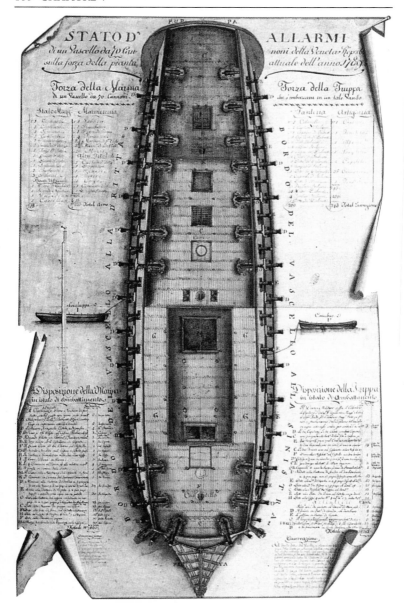

nouveauté étrangère, se résout à adopter. Une certaine reprise de l'Arsenal s'amorce en 1784 à l'occasion de la guerre contre les corsaires de Tunis.

## Une flotte réduite

L'époque où Venise était le centre nerveux du commerce international et de tous les trafics – y compris financiers – de portée mondiale est maintenant révolue. La République de Saint-Marc ne dispose plus désormais que d'une flotte marchande réduite et obsolète, dirigée par des capitaines inexpérimentés, qui est devenue la proie des attaques et des razzias des corsaires. Il faudra attendre la fin du XVIII$^e$ siècle pour que la marine vénitienne se ressaisisse et développe un trafic commercial significatif.

La flotte de guerre n'a plus d'utilité; elle n'assure même plus la protection des navires marchands, les hommes d'affaires vénitiens préférant ne plus engager d'escortes en raison de leur coût devenu prohibitif et des ralentissements considérables qu'impose la navigation en convoi.

En 1736, après de longues discussions, les critères de qualité indispensables pour la construction de navires marchands dits *navi atte*, c'est-à-dire aptes à affronter eux-mêmes les attaques des corsaires, sont enfin définis. Tous les corps de métier spécialisés de l'Arsenal, des charpentiers aux fournisseurs des équipements et de la poudre à canons, se mobilisent pour mettre au point ces prototypes, en partie subventionnés par l'État et dotés de vingt-quatre canons.

## L'amiral Emo et le bey de Tunis : les derniers feux de la République

Entre 1784 et 1792, la République livre ses derniers combats maritimes. Angelo Emo, dernier grand amiral de la Sérénissime,

La production par l'Arsenal de navires de guerre à voiles évolua au fil des siècles, les typologies se modifiant selon les mutations des techniques de construction et des matériaux employés mais aussi des stratégies et tactiques de combats. À la galéasse équipée d'artillerie succéda le galion. Le premier, lancé en 1531, était doté de cent vingt-huit bouches à feu. Le vaisseau apparaît en 1660, lorsque le Sénat décide de faire construire par l'Arsenal un nouveau type de navire (à gauche, vaisseau destiné à un équipage de 220 hommes et 43 soldats).

est élu capitaine général de la mer à la tête des
escadres navales vénitiennes contre celles du bey
de Tunis dans une guerre d'usure qui ne sera
d'aucun bénéfice pour Venise. La campagne est
entreprise pour mettre un terme aux attaques
des corsaires tunisiens contre les chargements
vénitiens, mais les moyens dont dispose
la flotte sont trop faibles pour faire plier
la détermination des Barbaresques. En 1793,
Venise négocie donc la paix moyennant
un tribut extrêmement lourd. Lors de
cette guerre, les Vénitiens mettent au
point un stratagème pour les combats
rapprochés : ils construisent
des radeaux géants constitués
de tonneaux liés les uns

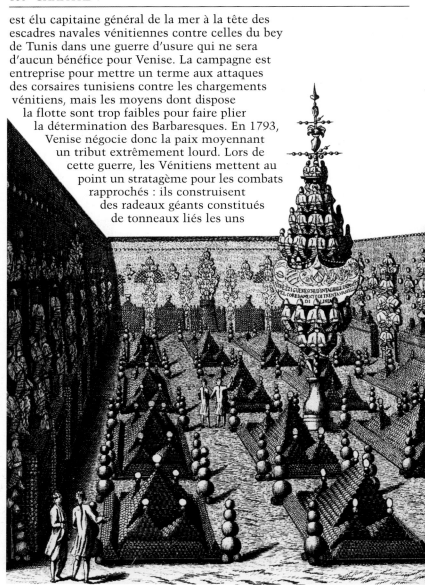

aux autres sur lesquels sont installés un mortier, un canon, de la poudre et des munitions, d'où ils bombardent les navires ennemis en restant hors de leur portée.

### La «machine de guerre» coule avant de prendre la mer

Le vaisseau de guerre *Le Phénix*, armé de soixante-quatorze canons, connaîtra un destin cruel et grotesque mais très révélateur du déclin de la marine vénitienne. Le 1ᵉʳ avril 1783, transporté sur les «chameaux» vers le port de Malamocco d'où il s'apprête à prendre le large pour rejoindre la flotte à Corfou, *Le Phénix* coule à pic, sans doute à cause de la pression

Les ateliers, les dépôts d'armes et les parcs de canons de l'Arsenal sont une prestigieuse vitrine que l'on montre aux princes, aux cardinaux et aux ambassadeurs. Ci-dessous, un dépôt pour l'armement de trente vaisseaux de ligne.

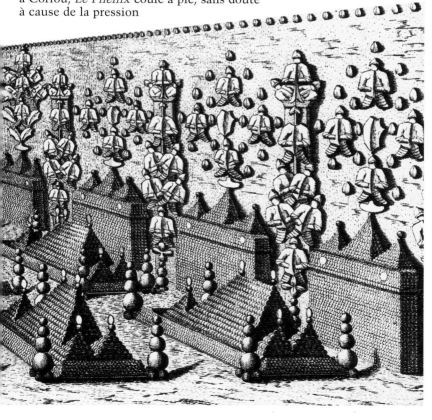

excessive des lourdes plates-formes sur ses flancs. Plusieurs années seront nécessaires pour le récupérer.

En 1792 meurt le capitaine général de la mer Angelo Emo alors qu'il prépare une nouvelle attaque contre Tunis. En sa mémoire une stèle monumentale, aujourd'hui exposée au Musée naval de Venise, est commandée au sculpteur Antonio Canova.

### Dernier acte

En 1797, lorsque les troupes françaises commandées par un Bonaparte âgé d'à peine vingt-sept ans occupent la Terre Ferme, le gouvernement de la Sérénissime ne sait pas réagir avec fermeté et tente de négocier sa reddition par les voies diplomatiques. Le 20 avril, près du port de San Nicolò del Lido, la marine vénitienne intervient contre les Français. Le commandant Pizzamano pointe ses canons contre le navire français *Libérateur d'Italie* pour l'empêcher d'accéder au port et tue son commandant. Napoléon a ainsi un prétexte pour déclarer la guerre à la République : le 1er mai, lorsque l'armée française entre dans Venise, le doge et le Grand Conseil renoncent à leur mandat. Le rideau tombe sur la République.

Lorsqu'il reçoit à Trévise en 1797, les émissaires de la République de Venise (ci-contre), Napoléon Bonaparte a déjà scellé le sort de l'État vénitien. Il aurait déclaré : «Je serai un Attila pour Venise.» Le tableau de la page suivante représente l'entrée de Napoléon Ier à Venise le 29 novembre 1807. Cédé à l'Autriche par le traité de Campoformio, le territoire de Venise devient une partie de l'Empire napoléonien entre 1806 et 1814. Après la défaite austro-russe, le traité de Presbourg (1806) attribue Venise et la Vénétie à Napoléon Ier qui a pris le titre de roi d'Italie. L'année suivante, Napoléon est accueilli en triomphateur dans la cité de Saint-Marc. Mais Venise est déchue. La ville, abandonnée par l'aristocratie, est peuplée de mendiants. Le commerce et les fabriques sont ruinés par l'application du blocus continental. Cette période s'avère l'une des plus sombres pour l'histoire de la ville.

# TÉMOIGNAGES
# ET DOCUMENTS

# Venise triomphante

*Philippe de Commynes (1445-1509) servit d'abord le duc
de Bourgogne, puis il entra au service de la France en
devenant l'un des conseillers de Louis XI. Il accompagna
Charles VIII au début des guerres d'Italie et fut envoyé
en ambassade à Venise, dont il brosse un tableau
éblouissant dans ses* Mémoires.

Ce jour que j'entrai à Venise […].
Et fus bien esmerveillé de voir l'assiette
de cette cité, de voir tant de clochers
et de monastères, et si grand
maisonnement, et tout en l'eau, et
le peuple n'avoir autre forme d'aller
qu'en ces barques, dont je crois qu'il
s'en fineroit trente mil, mais elles sont
fort petites. Environ ladite cité y a bien
septante monastères, à moins de demye
lieue françoise, à le prendre en rondeur,
qui tous sont en isle, tant d'hommes
que de femmes, fort beaux et riches, tant
d'édifices que de paremens, et ont fort
beaux jardins, sans comprendre ceux qui
sont dedans la ville, où sont les quatre
ordres des mendians, bien soixante et
douze paroisses, et mainte confrairie.
Et est chose estrange de voir si belles
et si grandes églises fondées en la mer.
 Audit lieu de la Chafousine vindrent
au devant de moy vingt-cinq
gentilhommes bien et richement habillés,
et de beaux draps de soye et escarlatte;
et là me dirent que je fusse le bien venu,
et me conduisirent jusque près la ville en
une église de Saint-André, où derechef
trouvay autant d'autres gentilshommes,
et avec eux les ambassadeurs du duc de
Milan et de Ferrare, et là aussi me firent
une autre harangue, et puis me mirent
en d'autres bateaux qu'ils appellent plats,
et sont beaucoup plus grands que les

autres; et y en avoit deux couverts
de satin cramoisy, et le bas tapissé, et
lieu pour seoir quarante personnes; et
chacun me fit seoir au milieu de ces deux
ambassadeurs (qui est l'honneur d'Italie
que d'eltre au milieu), et me menèrent
au long de la grande rue qu'ils apparent
le Grand Canal, et est bien large. Les
gallées y passent à travers, et y ay vu
navire de quatre cens tonneaux au plus
près des maisons; et est la plus belle rue
que je crois qui soit en tout le monde,
et la mieux maisonnée, et va le long de
ladite ville. Les maisons sont fort grandes
et hautes, et de bonne pierre, et les
anciennes toutes peintes; les autres, faites
depuis cent ans, ont le devant de marbre
blanc qui leur vient d'Istrie à cent mil de
là; et encore ont mainte grande pièce de
porphire et de serpentine sur le devant.
Au dedans ont pour le moins, pour la
pluspart, deux chambres qui ont les
planchés dorés, riches manteaux de
cheminées de marbre taillé, les chaslits
des lits dorés, et les oste-vents peints
et dorés, et fort bien meublés dedans.
C'est la plus triomphante cité que j'ay
jamais vue, et qui fait plus d'honneurs
à ambassadeurs et estrangers, et qui plus
sagement se gouverne, et où le service
de Dieu est le plus solemnellement fait.
Et encore qu'il y peut bien y avoir
d'autres fautes, si crois-je que Dieu les

a en ayde, pour la révérence qu'ils portent au service de l'Eglise.

En cette compagnie de cinquante gentilshommes, me conduisirent jusque à Saint-Georges, qui est une abbaye de moines noirs réformés, où je fus logé. Le lendemain me vinrent quérir, et menèrent à la Seigneurie, où je présentay mes lettres au duc qui préside en tous leurs conseils, honoré comme un roy. Et s'adressent à luy toutes lettres; mais il ne peut guères de luy seul. Toutes-fois cestuy-cy a de l'autorité beaucoup, et plus que n'eut jamais prince qu'ils eussent; aussi il y a desjà douze ans qu'il est duc; et l'ay trouvé homme de bien, sage et bien expérimenté aux choses d'Italie, et douce et amiable personne. [...] De la chambre du duc il peut ouyr la messe au grand autel de la chapelle Saint-Marc, qui est la plus belle et riche chapelle du monde pour n'avoir que nom de chapelle. [...]

Après me firent monstrer leur arsenal qui est là où ils esquipent leurs gallées, et font toutes choses qui sont nécessaires pour l'armée de mer, qui est la plus belle chose qui soit en tout le demourant du monde aujourd'huy, mais autresfois il a esté la mieux ordonnée pour ce cas.

En effet j'y séjournay huit mois, deffrayé de toutes choses, et tous autres ambassadeurs qui estoient là. Et vous dis bien que je les ay connus si sages, et tant enclins d'accroistre leur seigneurie, que s'il n'y est pourvu tost, tous leurs voisins en maudiront l'heure; car ils ont plus entendu la façon d'eux deffendre et garder, en la saison que le roy y a esté, et depuis, que jamais; car encore sont en guerre avec luy; et si se sont bien osés eslargir, comme d'avoir pris en Pouille sept ou huit cités en gage; mais je ne sçay quand ils les rendront. Et quand le roy vint en Italie, ils ne pouvoient croire que l'on prist ainsi

les places, ni en si peu de temps (car ce n'est point leur façon); et ont fait et font maintes places fortes depuis, et eux et autres, en Italie. Ils ne sont point pour s'accroistre en haste, comme firent les Romains; car leurs personnes ne sont point de telle vertu; et si ne va nul d'entre eux à la guerre de terre ferme, comme faisoient les Romains, si ce ne sont leurs providateurs et payeurs, qui accompagnent leur capitaine et le conseillent, et pourvoyent l'ost. Mais toute la guerre de mer est conduite par leurs gentilshommes, en chefs et capitaines de gallées et naves, et par autres leurs subjets, Mais un autre bien ont-ils, en lieu d'aller en personne aux armées par terre : c'est qu'il ne s'y fait nul homme de tel cœur, ni de telle vertu, point avoir seigneurie, comme ils avoient à Rome; et par ce n'ont-ils nulles questions civiles en la cité, qui est la plus grande prudence que je leur voie. Et y ont merveilleusement bien pourvu, et en maintes manières; car ils n'ont point de tribun de peuple, comme avoient les Romains (lesquels tribuns furent cause en partie de leur destruction); car le peuple n'y a crédit ni n'y est appelé en riens; et tous offices sont aux gentilshommes, sauf les secrétaires. Ceux-là ne sont point gentilshommes. Aussi la plus part de leur peuple est estranger. Et si ont bien connoissance, par Titus-Livius, des fautes que firent les Romains; car ils en ont l'histoire, et si en sont les os en leur palais de Padoue. Et par ces raisons, et par maintes autres que j'ay connues en eux, je dis encores une autre fois, qu'ils sont en voye d'estre bien grands seigneurs pour l'advenir.

Philippe de Commynes,
*Mémoires*, chapitre XVIII,
dans *Historiens et Chroniqueurs
du Moyen Age*, «La Pléiade», 1986

# Lépante ou le salut de la chrétienté

*Face à la tentaculaire puissance ottomane, le pape Pie V tente de constituer un front d'opposition. Unissant les princes chrétiens, malgré les rivalités, les ambitions et les jalousies internes, cette ligue remporta la célèbre victoire navale de Lépante le 5 octobre 1571, une victoire où l'on put assister à l'anéantissement de la flotte turque.*

## Lettre de Pie V au roi d'Espagne Philippe II

Lorsque nous regardons avec les yeux de notre esprit l'état présent de la chrétienté, de toutes parts s'offre à nous le lamentable spectacle de ses épreuves et de ses malheurs.

Voici qu'aujourd'hui, pour la punition de nos péchés, le malheur est présent : le très cruel Sultan des Turcs après avoir réuni une flotte, une cavalerie, une infanterie immenses, entreprend de toutes ses forces la guerre contre la chrétienté. Le pacte conclu entre cet Empire et Venise a été dénoncé; l'anéantissement des Princes chrétiens et de leurs royaumes, la dévastation de nos territoires, l'incendie de nos villes : voilà la menace qui pèse désormais sur nous.

De tous les Princes chrétiens, et de Toi en premier lieu, ô très cher Fils dans le Christ, nous implorons l'aide et le secours. Que ta Majesté s'unissant par un pacte et une alliance avec tous les autres Princes de la chrétienté fasse front au plus puissant et au plus cruel de nos ennemis, nous te le demandons, nous t'en supplions instamment.

Et puisque, l'expérience l'a déjà prouvé, aucune puissance ne peut sans l'appui des autres se mesurer avec la puissance ottomane, et qu'au contraire l'union de tous suffirait à la détruire, il est nécessaire de faire front, toutes nations chrétiennes unies contre le danger commun.

Mais sans attendre que les Princes se réveillent et se rassemblent pour la défense de la chrétienté, sans attendre que les armes et tout ce qui est nécessaire à la guerre soit prêt, nous demandons à ta Majesté, nous la supplions par la chair vivante du Dieu de miséricorde d'envoyer en Sicile, sans perdre une minute, la flotte la plus puissante qu'il te soit possible d'armer.

Il n'est pas de prière que nous adressions à ta Majesté avec plus d'insistance : puisse te décider le péril que court la chrétienté entière, en même temps que ton intérêt personnel.

Fait à Rome, à Saint-Pierre, sous l'anneau du Pêcheur, le 8 mars 1570, la cinquième année de notre Pontificat

## La bataille racontée par un galérien

*Condamné aux galères à perpétuité, Aurelio Scetti écrivit le journal de ses voyages entre 1565 et 1575. Il y retrace notamment la bataille de Lépante, à laquelle il participa. Dans ce manuscrit,*

*qui n'a pas été édité, le narrateur intègre*
*et encadre de temps en temps ses propres*
*poèmes.*

Vers la moitié du mois d'août, Don Giovanni d'Autriche fit son entrée à Messine avec toutes les galères d'Espagne, accueillies par toutes les autres à quatre milles de la côte, avec la magnificence due à un tel personnage. L'on fit une longue halte à Messine, au point que purent se joindre à la flotte Don Giovanni di Cordona avec les galères de Sicile, ainsi qu'Andreatta avec ses galères, toutes les unités génoises et de nombreuses galères et galéaces vénitiennes. Aux alentours du 15 septembre, après avoir fait embarquer quantité de provisions pour l'armée, un matin Don Giovanni fit chanter la messe; puis il ordonna de déployer la flotte à un demi-mille au large du port, et de mettre les navires à la cape; ainsi tous les vaisseaux, toutes les galères et galéaces furent-ils bénis solennellement par un évêque, au nom de Sa Sainteté; aussitôt l'on fit déployer les voiles. Don Giovanni d'Autriche devança les autres et s'en alla attendre toute son armée aux Fosses San Giovanni, près de Reggio de Calabre, où il passa la nuit. Le matin suivant, ayant levé l'ancre en direction de Corfou, il côtoya toute la Calabre et les Pouilles pour avoir des renseignements quant aux forces ennemies.

Voici parmi les flots le redoutable Mars armé de fer et de feux et plein de fureur. / Le Turc en rangs serrés dans le camp adverse s'en vient soudain, fou de rage, à l'encontre des chrétiens. / L'Autriche l'anéantit, le terrasse et le pourfend soutenue par les Vénitiens et la flotte pontificale / et combattant pour la foi du Christ fait d'hommes et de navires moisson abondante.

Le très illustre sieur Marcantonio, ayant obtenu des renseignements précis concernant la position de la flotte ennemie, supplie et conjure Don Giovanni d'Autriche, ainsi que le général des Vénitiens, de ne point perdre un temps précieux en essayant de la surprendre dans ses ports, attendu qu'il était bien plus urgent de couper à la racine l'orgueil de la secte mahométane. [...] Et s'approchant enfin de Lépante, contre vents et marées, il n'en perdit pas moins son courage, traquant l'ennemi, auquel il voulait montrer sa force. Tant et si bien que le matin, au point du jour, alors qu'ils s'engageaient entre la terre ferme et les îles Curciolare pour entrer dans le golfe de Lépante, les vedettes sur les hunes signalèrent l'armée turque qui s'approchait avec le vent en poupe, en quête de l'armée chrétienne.

Son Altesse Don Giovanni donna les ordres nécessaires pour que son escadre se dispose en ordre de bataille, et fit en sorte que l'ennemi ne puisse découvrir l'escadre de secours avant que la bataille n'eût commencé. À bord de sa frégate, il traversa son camp, exhortant au combat les capitaines des galères et les troupes d'infanterie, ainsi que les soldats et les matelots de toutes les galères, en leur rappelant que c'était le jour où la chrétienté devait faire preuve de sa vaillance pour extirper cette secte maudite et s'assurer la victoire. Les ennemis, au contraire, se moquaient des chrétiens, se demandant ce qu'ils espéraient faire contre leur puissance, puisqu'ils ne voyaient pas la flotte tout entière, et qu'ils voyaient moins de vaisseaux chrétiens qu'ils n'en avaient eux-mêmes. [...] Aussi les Turcs

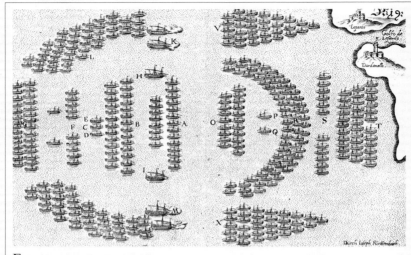

Formation des flottes chrétiennes et ottomanes au début de la bataille de Lépante.

raillaient-ils les chrétiens : ces troupeaux de chrétiens sont venus exprès pour se faire massacrer; au point qu'il leur fut ordonné de ne pas faire de prisonniers, mais de couper les chrétiens en morceaux. Les deux camps se rapprochèrent l'un de l'autre, et s'arrêtèrent un instant; c'est alors que Don Giovanni fit tirer une bordée, et engagea la bataille. De son côté Ali Bascia ne tarda pas à riposter, en exhortant toute son escadre au combat.

Après s'être détachée du gros de la flotte, la première galéace de l'escadre de Don Giovanni força l'allure et tira une bordée contre l'ennemi; et comme si elle eut voulu signifier à Dieu la victoire future, elle centra d'un seul coup une galère ennemie, la coulant aussitôt. Les chrétiens s'en aperçurent et commencèrent à crier à tue-tête : Victoire! Victoire! Ils se portèrent alors à l'assaut de l'ennemi, le terrassant à force de canonnades et de coups d'arquebuses.

La mer bouillonne entre les deux armées. L'Autriche, Colonna, Doria et les Vénitiens, / chacun fait preuve de son génie, de son art, cherchant à obtenir la victoire sur les chiens turcs. / Cordona, pareil à un Mars farouche, ne leur épargne pas le moindre coup. / Ainsi Aragona, Apiano et le grand Soranza déployent contre l'ennemi leur grande puissance.

Sur les galères la bataille s'enflamma, faisant de part et d'autre grand carnage. Le sieur Giannandrea, quant à lui, s'étant trouvé avec son escadre, depuis le début de la bataille, quelque peu éloigné du reste de la flotte, dut subir davantage que les autres, d'autant plus que les galères turques, essayant d'éviter le gros de la bataille, se pressaient autour de son escadre. Mais, en sage guerrier, il se garda d'aborder le moindre vaisseau turc, et se déplaçant de part et d'autre causait par ce biais davantage de tracas

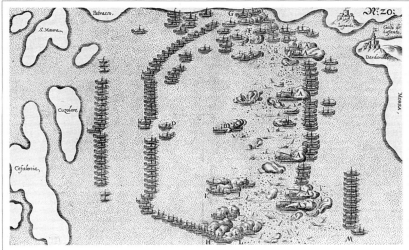

Pendant l'affrontement, les chrétiens rompent la formation ottomane.

à ses ennemis. Survint alors l'escadre de secours, juste à l'endroit le plus menacé par l'ennemi, de sorte que si l'on avait fixé cet instant – et le feu nourri des galères – en peinture, le tableau aurait certes ressemblé à un effrayant mystère. L'escadre de secours coulait une galère ennemie après l'autre, et épouvantait les équipages à tel joint que la plupart regrettaient de s'être lancés dans pareille entreprise. L'on voyait Son Altesse Don Giovanni, armé de son épée, l'estoc au poing, pourfendre les ennemis de la foi chrétienne; le très illustre sieur Marcantonio Colonna en faisait autant, de même que le commandant espagnol et Don Giovanni de Cordona.

Or les ravages infligés par les chrétiens à l'ennemi redoublèrent lorsque l'on apprit la mort du général des Vénitiens.

Les équipages chrétiens étaient d'autant plus déchaînés contre ces ennemis de Dieu que beaucoup se battaient en désespoir de cause; aussi vit-on, ce jour-là, de très grandes preuves de valeur de leur part. Ils espéraient en effet obtenir, par ces actes de courage, la liberté tant désirée – ce que leurs capitaines leur avaient promis s'ils obtenaient la victoire. Aussi y eut-il grande hécatombe de Turcs, car ils s'élançaient à l'abordage des galères turques, décidés à regagner leur liberté ou à mourir. Ils ne reculaient pas devant les armes ennemies, insouciants de la peur, et firent preuve, durant toute la bataille, de leur bravoure. Nombreux furent ceux, toutefois, qui, songeant à leur propre intérêt, s'enfuirent sur d'autres vaisseaux pour éviter de se faire passer au fil de l'épée.

Le lendemain Don Giovanni se replia avec son armée et les galères capturées sur Santa Maura, où l'on recensa les morts. L'on avait trouvé un étonnant moyen de distinguer les chrétiens des Turcs : on étendait les uns sur le dos, regardant vers le ciel, et les autres sur le ventre, visage contre terre.

Aurelio Scetti,
*Mémoires d'un homme de rames*

## Cervantès, le héros de Lépante

*Miguel de Cervantès, l'écrivain espagnol, combattit à Lépante où, gravement blessé, il perdit la main gauche. Une blessure dont il tira honneur et gloire pour l'avoir reçue «dans la plus éclatante rencontre qu'aient vue les siècles passés et présents, et qu'espèrent voir les siècles à venir».*

## Le récit du captif : témoignage direct de la bataille de Lépante

Quelque temps après que j'arrivai en Flandre, on eut nouvelle de la ligue que Sa Sainteté le pape Pie V d'heureuse mémoire avait faite avec la république de Venise et avec l'Espagne, contre l'ennemi commun, qui est le Turc, lequel en ce même temps avait conquis avec son armée navale la fameuse île de Chypre, qui était sous la domination des Vénitiens, perte lamentable et malheureuse. On sut pour certain que le sérénissime don Juan d'Autriche, frère naturel de notre bon roi don Philippe, serait le général de cette ligue, et on publia le très grand appareil de guerre qui se faisait; ce qui m'incita et m'aiguillonna le courage et le désir de me trouver en la journée que l'on attendait; et, encore que j'eusse quelque opinion et promesse à peu près certaine qu'à la première occasion qui s'offrirait je serais promu au grade de capitaine, je voulus néanmoins quitter tout et m'en aller, comme je fis, en Italie. Et la fortune voulut que le seigneur don Juan d'Autriche ne faisait que d'arriver à Gênes, et s'en allait à Naples pour se joindre à l'armée de Venise, ce qu'il fit à Messine. Je dis enfin que je me trouvai en cette très heureuse bataille de Lépante, ayant charge de capitaine d'infanterie, degré d'honneur auquel ma bonne fortune plutôt que mon mérite me fit monter.

## Prisonnier des Ottomans

Et en cette journée-là, qui fut si heureuse pour la chrétienté, parce qu'en cette journée tout le monde fut désabusé de l'erreur où l'on était, croyant que les Turcs fussent invincibles sur mer; en cette journée, dis-je, où fut abattue la superbe ottomane, entre tant d'heureux qui furent là (parce que les chrétiens qui y moururent jouissent d'un plus grand heur que ceux qui demeurèrent en vie et victorieux), moi seul je fus le malheureux : car, au lieu que j'eusse pu espérer une couronne navale, si c'eût été au temps des Romains, je me vis, la nuit qui succéda à un si fameux jour, avec des chaînes aux pieds et des menottes aux mains. Voici comment la chose advint. L'Uchali, roi d'Alger, hardi et heureux corsaire, ayant investi et pris la galère capitane de Malte, en laquelle il ne demeura que trois gentilshommes en vie, et encore fort blessés, la capitane de Jean Andréa, en laquelle j'étais avec ma compagnie, accourut au secours de celle-ci, et, faisant ce que je devais en semblable occasion, je sautai sur la galère ennemie, laquelle s'écarta de celle qui l'avait assaillie et empêcha que mes soldats ne me suivissent, si bien que je me trouvai seul entre les ennemis, auxquels ne pouvant résister pour être en si grand nombre, je fus contraint de me rendre tout couvert de blessures. Et, comme vous avez déjà entendu dire, messieurs, que l'Uchali se sauva avec toute son escadre, je demeurai captif en sa puissance, et fus le seul triste entre tant de gens joyeux, et seul captif entre tant de gens libres. Car il y eut quinze mille chrétiens qui ce jour-là obtinrent la liberté tant désirée, et qui étaient tout à la rame en la flotte turque.

Je fus mené à Constantinople, où le Grand-Turc Sélim fit mon maître général de la mer, parce qu'il avait fait son devoir en la bataille, ayant remporté pour montre de sa valeur l'étendard de l'ordre de Malte. Je me trouvai la seconde année, qui fut celle de 72, à Navarin, voguant en la capitane aux trois fanaux. Je vis et remarquai l'occasion que l'on perdit alors de pouvoir prendre dans le port toute la flotte turque : tous les Levantins et janissaires qui y étaient tenaient déjà pour certain qu'on les devait investir dans le port, et avaient leurs hardes toutes prêtes, et leurs passamaques, qui sont leurs souliers, pour s'enfuir promptement par terre, sans attendre le combat, tant la peur qu'ils avaient conçue de notre flotte était grande; mais le ciel en ordonna d'autre façon, non par la faute ou la négligence du général qui gouvernait les nôtres, mais pour les péchés de la chrétienté et parce que Dieu veut et permet que nous ayons toujours des bourreaux qui nous châtient. En effet, l'Uchali se retira à Modon, qui est une île près de Navarin, et, mettant ses gens à terre, fortifia l'entrée du port et demeura là sans bouger, jusqu'à ce que le seigneur don Juan s'en retournât. En cette journée fut prise la galère qui s'appelait la *Prise*, de laquelle était capitaine un fils de ce fameux corsaire Barberousse. La capitane de Naples, appelée la *Louve*, la prit, qui était conduite par ce foudre de guerre, le père des soldats, l'heureux et invincible capitaine don Alvaro de Bazan, marquis de Santa-Cruz, et je ne veux point passer sous silence ce qui advint en la capture de la *Prise*. Ce fils de Barberousse était si cruel et traitait si mal ses captifs que, tout ainsi comme ceux qui étaient à la rame virent que la galère la *Louve* les allait investir, et qu'elle les atteignait, ils lâchèrent tous en même temps les rames et se saisirent de leur capitaine, qui était sur le gaillard d'arrière à leur crier de voguer à la hâte, et, le faisant passer de banc en banc, depuis la poupe jusqu'à la proue, lui donnèrent de tels coups de dents que, devant qu'il fût passé outre le mât, son âme avait déjà passé en enfer : tant étaient grandes la cruauté dont il les traitait et la haine qu'ils lui portaient.

Nous retournâmes à Constantinople, et l'année suivante, qui fut 73, on eut nouvelles que le seigneur don Juan avait gagné Tunis, enlevé ce royaume aux Turcs, et mis en possession d'icelui

Muley Hamet, en enlevant l'espérance qu'il avait de pouvoir y retourner et y régner, à Mulley Hamida, le plus cruel Maure et le plus vaillant qui fût au monde. Le Grand-Turc fut fort affligé de cette perte, et, usant de la sagacité qu'ont tous ceux de sa maison, il fit la paix avec les Vénitiens, qui la désiraient beaucoup plus que lui. […]

*Sur un registre différent, Cervantès raconte l'épisode de la visite des galères par Don Quichotte et Sancho Pança.*

Le tantôt venu, leur hôte don Antonio Moreno et ses deux amis allèrent avec don Quichotte et Sancho visiter les galères. Le chef d'escadre, qui était prévenu de leur arrivée, attendait les deux fameux personnages don Quichotte et Sancho. À peine parurent-ils sur le quai que toutes les galères abattirent leurs tentes et que les clairons sonnèrent. On jeta sur-le-champ l'esquif à l'eau, couvert de riches tapis et garni de coussins en velours cramoisi. Aussitôt que don Quichotte y mit le pied, la galère capitane tira le canon de poupe, et les autres galères en firent autant; puis, lorsque don Quichotte monta sur le pont par l'échelle de droite, toute la chiourme salua, comme c'est l'usage quand une personne de distinction entre dans la galère en criant trois fois : *Hou, hou, hou.* Le général (c'est le nom que nous lui donnerons), qui était un gentilhomme de Valence, vint lui donner la main. Il embrassa don Quichotte et lui dit : «Je marquerai ce jour avec une pierre blanche, car c'est un des plus heureux que je pense goûter en toute ma vie, puisque j'ai vu le seigneur don Quichotte de la Manche, en qui brille et se résume tout l'éclat de la chevalerie errante.» Don Quichotte, ravi de se voir traiter avec tant d'honneur, lui répondit

par des propos non moins courtois. Ils entrèrent tous deux dans la cabine de poupe, qui était élégamment meublée, et s'assirent sur les bancs des plats-bords. Le comite monta dans l'entrepont, et, d'un coup de sifflet, fit signe à la chiourme de mettre bas casaque, ce qui fut fait en un instant. Sancho, voyant tant de gens tout nus, resta la bouche ouverte; ce fut pis encore quand il vit hisser la tente avec une telle célérité qu'il lui semblait que tous les diables se fussent mis à la besogne. Mais tout cela n'était encore que pain bénit, en comparaison de ce que je vais dire.

**La mésaventure de Sancho**

Sancho était assis sur l'*estanterol*, ou pilier de la poupe, près de l'espalier, ou premier rameur du banc de droite. Instruit de son rôle, l'espalier empoigna Sancho ; et, le levant dans ses bras, tandis que toute la chiourme était debout et sur ses gardes, il le passa au rameur de droite, et bientôt le pauvre Sancho voltigea de main en main et de banc en banc, avec tant de vitesse qu'il en perdit la vue et pensa que tous les diables l'emportaient. Les forçats ne le lâchèrent qu'après l'avoir ramené par la bande gauche jusqu'à la poupe, où il resta étendu, haletant, suant à grosses gouttes, et ne pouvant comprendre ce qui lui était arrivé. Don Quichotte, qui vit le vol sans ailes de Sancho, demanda au général si c'était une des cérémonies dont on saluait les nouveaux venus sur les galères. «Quant à moi, ajouta-t-il, comme je n'ai nulle envie d'y faire profession, je ne veux pas non plus prendre un semblable exercice; et je jure Dieu que, si quelqu'un vient me mettre la main dessus pour me faire voltiger, je lui arrache l'âme à coups de pieds dans le ventre.» En parlant ainsi, il se leva debout, et empoigna son épée.

Dans ce moment, on abattit la tente, et on en fit tomber la grande vergue du haut en bas, avec un bruit épouvantable. Sancho crut que le ciel se détachait de ses gonds et venait lui fondre sur la tête, si bien que, plein de peur, il se la cacha entre les jambes. Don Quichotte lui-même ne put conserver son sang-froid ; il frissonna aussi, plia les épaules et changea de couleur. La chiourme hissa la vergue avec autant de vitesse et de tapage qu'elle l'avait amenée, et tout cela en silence, comme si ces hommes n'eussent eu ni voix ni souffle.

### La galère prend la mer
Le comite donna le signal de lever l'ancre, et, sautant au milieu de l'entrepont, le nerf de bœuf à la main, il commença à sangler les épaules de la chiourme, et la galère prit bientôt le large.

Quand Sancho vit se mouvoir à la fois tous ces pieds rouges, car telles lui semblaient les rames, il se dit tout bas : «Pour le coup, voici véritablement des choses enchantées, et non celles que raconte mon maître. Mais qu'est-ce qu'ont fait ces malheureux, pour qu'on les fouette ainsi? Et comment cet homme qui se promène en sifflant a-t-il assez d'audace pour fouetter seul tant de gens? Ah! je dis que c'est ici l'enfer, ou pour le moins le purgatoire.» Don Quichotte, voyant avec quelle attention Sancho regardait ce qui se passait, s'empressa de lui dire : «Ah! Sancho, mon ami, avec quelle aisance et quelle célérité vous pourriez, si cela vous plaisait, vous déshabiller des reins au cou, et vous mettre parmi ces gentilshommes pour en finir avec le désenchantement de Dulcinée! Au milieu des peines et des souffrances de tant d'hommes, vous ne sentiriez pas beaucoup les vôtres. D'ailleurs,

il serait possible que le sage Merlin fît entrer en compte chacun de ces coups de fouet, comme appliqués de bonne main, pour dix de ceux que vous avez finalement à vous donner.»

Cervantès,
*L'Ingénieux Hidalgo*
*don Quichotte de la Manche,*
1605-1615

# La vie quotidienne à bord des galères de la Renaissance

*Forçat durant le dernier quart du XVI<sup>e</sup> siècle sur les galères de l'ordre de Saint-Étienne, dont le maître était le grand-duc de Toscane, Aurelio Scetti fut aussi l'un des obscurs acteurs de la bataille de Lépante. En 1576, il adresse une longue supplique au duc François-Marie de Médicis, afin d'être gracié. Ce texte constitue aussi un témoignage de première main sur la vie quotidienne à bord des galères de la Renaissance.*

*André Zysberg s'appuie sur les* Mémoires *d'Aurelio Scetti pour retracer la vie des galériens à cette époque.*

Aurelio Scetti était un musicien d'origine florentine, d'un certain renom. Sa carrière se brise lorsqu'il commet le meurtre de sa femme à Arezzo, sans doute pour cause de jalousie. Scetti est condamné à la décapitation en 1565, mais le jour même où il devait être exécuté, le grand-duc de Toscane commue son châtiment en peine des galères perpétuelles. Aurelio Scetti est enfermé à Pise, dans une épouvantable et terrifiante tour en laquelle étaient menés tous ceux qui par leurs princes et seigneurs aboutissaient à la galère pour leurs fautes; puis on le conduit à Livourne, le port d'attache des galères du grand-duc de Toscane. Scetti raconte qu'il fut joué aux dés entre tous les capitaines des galères comme s'il avait été chose de grande valeur, et ayant été affecté au capitaine de la *Pisana*, il fut mené sur ladite galère.

On distinguait trois catégories de rameurs. Les forçats sont en principe jugés et envoyés aux galères par la justice régulière. C'est seulement à partir des années 1550 que l'emploi des forçats devient presque partout un phénomène massif. Les rameurs esclaves sont fournis par le *corso* ou de la guerre de course. Les captifs ramant sur les galères chrétiennes proviennent de l'Empire ottoman et de l'Afrique du Nord. Ils ne sont pas nécessairement de religion musulmane, notamment quand il s'agit de Grecs, de Serbes et d'Albanais de confession orthodoxe qui ont été pris sur des navires ottomans, voire des équipages de bateaux pêcheurs et de caboteurs raflés sur les côtes des Balkans et des îles de la mer Égée par des corsaires italiens et maltais. Il y avait enfin des hommes libres ou réputés tels, que l'on nommait les *bonevoglies*, littéralement «ceux qui veulent bien», expression déformée en *buone voghe* ou homme de bonne vogue. Le recrutement de ces volontaires est plus ou moins contraint.

Les Ottomans faisaient appel aux gens de mer des districts maritimes de l'Empire, tels la Roumélie, le Karaman et la Morée, mais ils effectuaient aussi des levées forcées de pauvres paysans dans les provinces intérieures, comme l'Anatolie. Et de même Venise, en cas de péril, recourait toujours au service militaire dans les *sestiere* ou quartiers de la ville, ainsi qu'à des réquisitions d'hommes sur la côte dalmate, à Corfou et en Crète, voire sur la Terre Ferme.

## Les galériens forment la chiourme

Le terme de chiourme désigne désormais l'ensemble des hommes de rame. La division des tâches à bord se transforme. Le galérien n'est plus un combattant armé, mais un homme-machine employé pour tirer la rame. Sa condition devient une marque d'infamie. Il faut des argousins pour surveiller ses faits et gestes, des chaînes pour l'entraver. Lors des batailles, la chiourme reste clouée à ses bancs, gardée par les argousins et un détachement de soldats, précaution d'autant plus nécessaire que nombre de galériens n'attendent que cette occasion pour s'échapper ou se soulever. Si une galère est coulée, sa chiourme enchaînée périt noyée. Néanmoins, l'enchaînement ne s'applique pas aux forçats lorsqu'une flotte s'engage dans une lutte décisive et que l'on a besoin de tout l'équipage, soit pour défendre le bâtiment, soit pour attaquer l'adversaire. C'est ce qui se produit lors de la bataille de Lépante. Scetti nous dit que les chiourmes chrétiennes étaient exaspérées contre ces ennemis de Dieu; beaucoup étaient très désireux de combattre, et beaucoup en donnèrent de grandes preuves ce jour; d'autant qu'ils espéraient (en donnant de telles preuves) avoir la liberté tant désirée, qui leur fut promise par tous les capitaines si l'on obtenait la victoire. C'est pour cela qu'il y eut une grande mortalité de Turcs, les nôtres sautant sur les galères turques en se disant : «Ou on meurt ou bien on acquiert aujourd'hui la liberté»... Beaucoup pensant d'abord à leur propre intérêt, se sauvèrent sur d'autres vaisseaux pour n'être plus mis aux fers; beaucoup aussi, se fiant à leurs capitaines, s'en retournèrent à leurs navires, comme le fit Aurelio, lequel, déjà confiant dans la parole donnée par son capitaine, s'en remit également à Dieu et à son prince en se disant qu'«après une telle victoire, il n'est pas possible que l'on n'obtienne pas ce qui nous est promis»; mais pour mieux s'en assurer, il prit deux Maures et les conduisit à sa galère en se disant que «quelle que soit la voie, je serai libéré». Malgré cette action d'éclat, Aurelio Scetti n'obtint pas sa liberté. Lorsqu'il achève sa relation, en 1576, il est toujours forçat et l'on ignore s'il fut libéré ou s'il mourut aux galères.

## Les combats restent des événements exceptionnels

L'ordinaire d'une campagne est constitué par des opérations de guerre de course, de transport d'argent ou de soldats et par des missions de surveillance des côtes. Les escadres de galères quittent leur port d'attache entre la mi-mars et la mi-avril, plus rarement en mai, et y reviennent pour le *scioverno* (l'hivernage), à partir de la mi-septembre; mais elles naviguent parfois jusqu'au début de novembre. La relation d'Aurelio Scetti mentionne presque toujours les préparatifs de la campagne à venir. Il faut d'abord espalmer. Cette opération consiste à mettre hors d'eau ou abattre sur le flanc la carène de chaque galère («*si diede carena*», dit Aurelio) en la débarrassant de tout ce qu'elle peut contenir, sur un bord puis sur l'autre, afin de la gratter, avant de l'enduire d'une couche plus ou moins épaisse de suif chaud mélangé avec du goudron, que l'on appelle le brai. Une galère espalmée améliore bien sûr ses performances, parce qu'elle glisse mieux dans l'eau. Cette révision indispensable se répète vers juin ou juillet. Il faut ensuite embarquer les vivres, les barils d'eau, l'artillerie, les munitions et les agrès. Toutes ces tâches s'effectuent sous la direction du comite ou maître d'équipage, véritable patron de la galère, tandis que le capitaine (*sopracomito*) est plus un chef de guerre qu'un chef de bord.

Une galère déplaçant à pleine charge environ 250 tonnes est loin d'emporter en un seul chargement tout ce qu'il faut pour une campagne susceptible de durer au moins six mois. Le renouvellement de la provision d'eau, l'aiguade, se pratique tous les huit à dix jours, parce que la chiourme doit boire régulièrement (un litre par heure de travail pénible sous climat chaud) si l'on veut qu'elle travaille avec efficacité sans risquer la déshydratation. C'est même la plus ou moins grande consommation de l'eau, ce véritable «carburant» qui limite le rayon d'action des bâtiments. Et lorsqu'on range ou longe la côte (*costeggiare*) les fréquentes escales servent à se procurer du vin et des aliments frais tels que des légumes verts et des fruits, ce qui empêche le scorbut.

## Comment naviguent les galères?

La propulsion à la rame caractérise ces bâtiments qui peuvent se mouvoir à 5-6 km/h environ, lorsque le vent est tombé, alors que les voiliers sont immobilisés par la bonnasse. Tirer la rame constitue une tâche très pénible et monotone. Aurelio Scetti écrit que quand il lui fallait aller à la fatigue de la rame toute autre espérance était oubliée. Cette épreuve devient harassante s'il faut augmenter la cadence pour poursuivre un navire ou, au contraire, fuir un ennemi plus fort : le comite ordonne alors la *voga furiosissima*, vogue de chasse, qu'on ne peut guère tenir plus d'une heure pour atteindre une vitesse de pointe de 10 à 12 km/h. Enfin, voguer par vent contraire représentait la pire épreuve, plus épuisante encore que la chasse. Cependant les galériens ne ramaient pas continuellement. Si l'on devait faire un long trajet, la galère voguait à quartier : la moitié des bancs se reposait depuis la proue jusqu'à l'arbre de mestre (le grand mât), tandis que le quartier de poupe travaillait durant deux heures, puis on alternait. Cette vogue à quartier représentait l'allure de croisière, praticable uniquement par temps calme et mer belle. Les galères sont aussi des voiliers. Leur grande voile en forme d'aile, déployée dans l'axe du navire, s'avère très efficace quand il faut naviguer au plus près du vent, mais elle est d'un maniement délicat. Le proverbe dit au sujet de la voile latine : «Si tu ne me connais pas, ne me touche pas»... Faire voile (*veleggiare*) soulage la chiourme et permet de progresser à bonne allure. Appareillant de Carthagène un matin de mai 1566, les galères de Toscane mettent seulement un jour de mer pour mouiller à Rosas sur la côte catalane, où elles passent la nuit, lèvent l'ancre le lendemain à l'aube et traversent le golfe du Lion en une journée, à pleines voiles – «*Sempre navicando a golfi lanciati»*, note Scetti. Quand le vent n'est pas assez portant, il est aussi possible de voguer sous voile, c'est-à-dire de ramer et en même temps d'établir la voile. Le temps qu'il fait commande la navigation. Les comites les plus avisés savent interpréter les moindres signes, car, même en été, la Méditerranée reste une mer dangereuse, dont les mouvements de colère sont difficilement prévisibles. La seule solution, si la tempête menace, consiste alors à gagner un port ou un mouillage dès que possible.

## La tempête dans le golfe du Lion

Les galères redoutent le mauvais temps plus que les vaisseaux de haut bord, car elles sont très basses au-dessus de l'eau et, dès que la mer grossit, les vagues submergent le pont. Comme il devient impossible de manœuvrer à la voile et à rame, le navire risque de faire naufrage. Cette terrible circonstance se produit durant la campagne de 1569, alors que les galères de Toscane participaient au transport d'un régiment d'infanterie espagnol qui devait passer d'Italie en Espagne. Les soldats s'embarquent à Gênes, le 7 avril 1569, à raison de cent cinquante hommes par galère. Vingt-quatre galères (six espagnoles, huit génoises et dix du grand-duc de Toscane) sont mobilisées pour cette opération de routine, qui se déroule sous le commandement en chef de Luis de Requesens, commandeur de Castille. Navigation paisible à la voile jusqu'à Marseille, où les premières galères parviennent le 10 avril, vers 22 heures. Comme le temps se gâte le lendemain, il n'est pas question de repartir. Mais après huit jours d'attente, Luis de Requesens ne tient plus en place et donne l'ordre de partance en disant

que c'était une honte de rester au port. Les galères appareillent donc de Marseille dans la nuit du 18 avril.

Une fois dans le golfe du Lion, au large de la côte languedocienne, le comite réal des galères de Toscane, Piero Tiragallo, tente une dernière fois de convaincre l'amiral qu'il vaudrait mieux revenir à Marseille, mais l'orgueilleux Castillan s'obstine, tandis que les vents commencèrent à gonfler et la mer à se mettre en très grande tempête et la pluie continuait à tomber du ciel... Le Grand Commandeur, écrit Aurelio Scetti, commença comme hébété à se recommander à Dieu. La tempête disperse la flotte entre la Sardaigne, la côte d'Afrique du Nord et le rivage catalan. Selon Aurelio Scetti, le roi d'Espagne aurait perdu quatre galères sur six, tandis que les pertes des galères de Toscane s'élèvent à cinq bâtiments sur dix et celles des Génois à trois galères sur huit. Au total, sur les vingt-quatre galères de la flotte commandée par Luis de Requesens, la moitié se sont perdues en mer. Aurelio Scetti est sain et sauf avec l'équipage de la *Pisana*, qui atterrit sur l'île San Pietro, au sud-ouest de la Sardaigne.

La relation d'Aurelio Scetti nous permet de mieux comprendre comment le système des galères marchait vers la fin du XVIe siècle. Les galériens ramaient, participaient aussi aux manœuvres de la voile et accomplissaient toutes les corvées du bord. Cependant, la galère est devenue une prison, où la chiourme vit enchaînée jour et nuit. Forçats et esclaves sont maltraités, battus à coups de corde. Ces navires si fins et si beaux sont à l'image de la société, qui réduit en servitude les misérables et les exclus pour la plus grande gloire navale du prince ou de l'État.

André Zysberg, mai 2000

# Le travail de la rame

*La manœuvre de la rame exigeait expérience et habileté. Il s'agit de comprendre comment les rameurs parvenaient malgré tout à s'adapter à l'épreuve de la vogue, réalisant ce qu'on exigeait au moindre coût humain.*

### Les trois temps dans l'action du rameur décrits par Barras de La Penne, capitaine de galère sous Louis XIV

Le premier, pour s'élever de dessus le banc, le second pour pousser le genou de la rame vers la poupe de la galère; alors le vogue-avant fait un pas, il monte du pied droit sur la pédagne pendant que l'autre reste appuyé sur la banquette, il allonge son corps et ses bras vers la poupe. Les autres rameurs de son banc font le même pas, plus ou moins grand selon qu'ils sont plus ou moins proches du vogue-avant […]. Au troisième temps, les rameurs tombent sur le banc en se renversant vers la proue, et tenant toujours les bras tendus, ils font décrire au genou de la rame une espèce de ligne circulaire : c'est dans ce troisième temps qu'ils plongent la pale dans la mer, laquelle presse l'eau et la pousse vers la poupe à mesure que les rameurs font plus de force en tirant le genou vers la proue.

### Une seule façon de voguer, plusieurs variantes dans le travail de la rame

Quand il faut chasser un bâtiment ou au contraire prendre la fuite, le capitaine commande la passe-vogue ou vogue à passer le banc. Cette allure combine une terrible accélération de la cadence avec un allongement du coup de la rame, car les galériens, au lieu de monter sur la contre-pédagne, doivent poser le pied non entravé sur le banc de devant. Ces moments de presse sont redoutés des forçats. «La passe-vogue est la peine la plus terrible qu'on puisse imaginer, se souvient Jean Marteilhe, car il faut doubler le temps ou la cadence de la vogue, ce qui lasse plus dans une heure que dans quatre d'une vogue ordinaire, sans compter qu'il est comme impossible, dans une telle passe-vogue, de ne pas manquer souvent le coup de rame, et pour lors, les coups de corde tombent comme de la grêle.» Les comites expérimentés n'apprécient guère la passe-vogue, que les capitaines exigent parfois gratuitement, pour donner du «spectacle» à leurs invités de marque.

### Il valait mieux ramer «à quartier»

La chiourme se divisait en deux équipes qui se relayaient à tour de rôle. Sur une galère ordinaire, le «quartier de poupe» comprenait les douze premières rangées de bancs en partant de l'arrière, et le quartier de proue, les quatorze rangées suivantes. Selon le trajet, chaque quartier ramait pendant deux à trois «ampoulettes» – nom donné à un sablier d'une durée d'une demi-heure – soit une heure à une heure et demie de vogue alternée. C'était la meilleure façon de marcher par mer belle et route longue, quand il n'y avait aucune nécessité de voguer «avant tout».

Vogue ordinaire

«Passe-Vogue» (sans contre-pédagne)

Vogue large (par quartier)

Vogue à toucher le banc

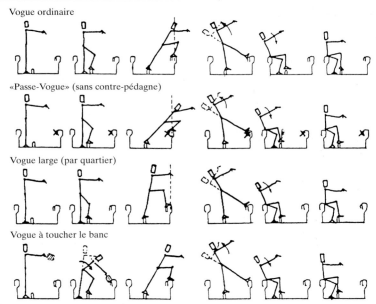

Les quatre différentes manières de ramer.

## Un poste de travail : le banc, où vivaient et besognaient cinq à sept hommes

Lorsqu'on connaît les dimensions et l'agencement de ce poste de travail, on peut se demander comment les esclaves et les forçats parvenaient à ramer. Chacun d'entre eux, quelle que soit la classe du bâtiment, ne disposait que d'une assise extraordinairement étroite, d'environ 45 cm, alors que la carrure d'un homme de stature moyenne (1,60 m) est déjà égale à une quarantaine de centimètres. Ceci signifie que les galériens ne pouvaient pas déplier leurs bras latéralement, car ce mouvement, qui paraîtra naturel et indispensable à tous ceux qui ont touché un aviron, demande 85 cm. L'exiguïté du banc obligeait les galériens à voguer constamment les bras tendus, en poussant la rame vers la poupe.

## L'outil de la vogue, c'est la rame

«On appelle palamente l'ensemble des rames qui, comme tout le monde le sait, sont proprement les jambes de la galère.» Et quel outil! L'aviron d'une galère ordinaire, auquel s'attelaient cinq hommes, mesurait 12 mètres de long et ne pesait pas moins de 130 kg; les rames de galères se taillaient en hêtre ou fayard, qui combine les qualités de résistance et de flexibilité.

R. Burlet et A. Zysberg,
in *Neptunia*,
n° 164, décembre 1986

# Un système commercial exemplaire

*Venise s'est dotée très tôt, dès le XIIIe siècle, des outils nécessaires à l'établissement de sa prépondérance maritime, mettant en œuvre un véritable système de navigation.*

## Une organisation industrielle unique en son temps

Le système de navigation de Venise reposait sur une base : l'Arsenal, la «Casa» pour les gens du lieu, les *arsenalotti*. Les Vénitiens ont reçu de Byzance un legs sans prix : les clefs de l'architecture navale de l'époque. Ils sauront le faire fructifier de belle manière. Leur arsenal, à sa création, est le plus important et quasi unique centre industriel de l'Europe – nous sommes au XIIe siècle, en 1104. Quatre siècles plus tard, il occupera plus de 2 000 personnes et jouera dans la cité un rôle prépondérant. C'est une organisation que nous qualifierions de nos jours de «verticale» : on part du bois, du chanvre et du métal, et en bout de chaîne on livre des navires. Tout est fait à la «Casa». De plus, on y inventera la normalisation avec la standardisation des agrès puis des coques. On touchera à la préfabrication car on finira par tenir en réserve des galères à différents états de fabrication. On trouvera des coques quasi achevées dans les cales couvertes (autre trouvaille de l'Arsenal), celles montées seulement «en bois tors» (c'est-à-dire non bordées), d'autres «en botte» où rien n'est sur cale, tous les éléments préparés étant stockés dans des magasins prêts à servir grâce à leurs cotes normalisées. Ce qui constitue,

avec des pièces de bois, une assez remarquable performance. Le système, mis au point entre le XIIe et le XVe siècle, n'en est que plus admirable, car qui pouvait avoir la moindre idée sur la gestion des flux à cette époque? Au moment de Lépante, en 1571, cet arsenal n'en livrera pas moins de cent galères de guerre en un temps très court, mais la vie de Venise en dépendait.

## Le bras armé de la Sérénissime

À l'époque – nous sommes aux XIIe et XIIIe siècles –, la distinction est vite faite entre bâtiment de combat et navire de commerce. Le premier est le «bateau long», libéré par ses rames des contraintes du vent. C'est la galère, qui restera pendant deux millénaires le *capital ship* incontesté, d'une longévité exceptionnelle si l'on pense que le vaisseau de ligne qui lui succédera ne durera que trois cents ans… Le navire de commerce, c'est le «navire rond»; lent, dépendant totalement du vent, régi par des impératifs commerciaux qui limitent (déjà) les équipages, il sera bien souvent la victime de choix du précédent.

La galère de guerre des XIIe et XIIIe siècles est la *galea sottile* où tout a été fait pour faciliter le travail de la rame, et ce sont des hommes libres qui voguent. C'est une coque légère, longue d'une trentaine de mètres, à l'allongement élevé (rapport longueur/largeur) : il est supérieur à 8. Sur une telle coque de canoë, on ne peut loger une chiourme, mais on sait depuis l'Antiquité écarter les tolets du plat-bord avec des boîtes à rames ou outrigs. On disposera sur cette coque hermétiquement close d'un plateau rectangulaire plus large où viendront prendre place les rameurs. À des détails près vient de naître le bâtiment de «bas bord» que la galère restera jusqu'à la fin du XVIIIᵉ siècle. Elle sera toujours une coque de canoë surmontée d'un pont de porte-avions.

On ne rame plus en étages superposés comme dans l'Antiquité. Chaque homme a conservé sa rame, mais les «ordres» de rames sont au même niveau. On va réussir à asseoir deux puis trois hommes sur le même banc en inclinant judicieusement celui-ci. Cette solution est avantageuse car elle diminue à la fois le fardage et le poids de la coque. Venise eut d'abord des birèmes : deux hommes et deux rames par banc. Avec vingt-cinq bancs de chaque bord, on atteint les cent rameurs – qui sont des hommes libres et des professionnels, car ramer est compliqué et exige un certain savoir-faire. Les officiers sont logés à l'arrière, dans ce qui deviendra le carrosse mais n'est pour l'instant qu'un abri précaire, une bâche jetée sur quelques arceaux. On ajoutera un éperon à l'avant, arme essentielle du bâtiment, et un mât unique équipé d'une antenne et d'une voile latine. À vrai dire, le navire possède deux ou trois voiles de surfaces différentes adaptées au temps. Le gouvernail devient axial vers le début du XIVᵉ siècle, succédant aux avirons de gouverne qui remontaient à l'Antiquité. Ainsi va naviguer la

*galea sottile*, qui reste un bâtiment léger, fragile et possédant peu d'autonomie.

Le passage des rangs superposés de rames au banc unique reste une des zones obscures de l'architecture navale, mais les constructeurs rhodiens n'y sont certainement pas étrangers. L'un des très rares étrangers *proto di marangoni* à la «Casa» était surnommé «di Roda», du nom de l'île d'où il venait et ce n'était sans doute pas un choix fortuit.

Pour combattre, peu de choses ont changé depuis Athènes : on aborde en éperonnant et le combat au corps à corps suit, véritable combat d'infanterie à l'arc et à l'arme blanche. Comme la galère est avant tout un bâtiment de combat, on voudra aller plus vite et on ajoutera avec plus ou moins de bonheur un troisième homme (et une troisième rame) sur le banc. On ne rame d'ailleurs plus assis, on a «allongé» le coup de rame, le nouvel écartement des bancs le permet et les hommes se fendent en avant en se levant. C'est la vogue *alla zenzile*, qui n'a de simple que le nom et exige des rameurs quasi professionnels. Il est probable que les galères de Charles d'Anjou voguaient ainsi dès le XIIIᵉ siècle. On tentera, bien entendu, de mettre encore un quatrième homme sur le banc (avec sa rame évidemment); on eut ainsi des quadrirèmes. On possède des références précises de ces bâtiments qui ne furent cependant construits qu'en nombre réduit. On arrivait, en fait, à la limite d'un système car les tentatives pour placer un cinquième rameur *alla zenzile* ne furent jamais déterminantes. Cet apport de rameurs (on était passé de cent à deux cents hommes) avait exigé une coque plus longue, et on s'écartait notablement de la *galea sottile* d'origine.

## VOGUE «ALLA ZENZILE»

Rameurs en position avant

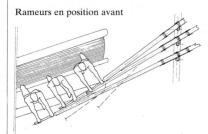

Rameurs en position arrière

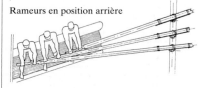

Elle dérive directement de la vogue antique : chaque homme travaille avec sa propre rame. Mais ici tous les rameurs d'un même «groupe» sont au même niveau, assis sur le même banc. De plus, le mouvement a changé : les hommes se lèvent pour ramer, ils y gagnent en efficacité.

## VOGUE «A SCALOCCIO»

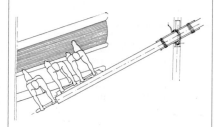

Elle a succédé à la vogue *alla zenzile*; le mouvement reste pratiquement inchangé, mais une grande rame unique réunit tous les hommes du même banc. Le travail des rameurs est simplifié et leur rendement nettement amélioré.

Quand l'artillerie fit son apparition, les choses ne s'arrangèrent pas. La *galea sottile* était sans doute le dernier endroit où un canon avait sa place : son poids était un sérieux handicap. Les rames empêchant toute implantation latérale, la galère allait jusqu'à sa fin ultime tirer par l'avant. La coque changea de forme, elle s'élargit pour compenser ce poids additionnel et le bâtiment devint la *«bastarda»*, ce qui montre le haut degré d'estime que lui attribuaient les tenants de l'«ancien système».

Le XVIe siècle fut marqué par une pratique plus courante de l'artillerie sans que les règles du combat aient changé notablement. On abordait toujours mais on portait des armes à feu. La forêt de rames de la vogue *alla zenzile* commençait à présenter de sérieux inconvénients, une discrétion très aléatoire du fait des chocs entre rames et une consommation en rames faramineuse : l'unité d'ordre de l'Arsenal était de 1 000 rames. Deux ans avant Lépante, on en ordonna 10 000 d'un coup! Il est vrai que le stock avait brûlé...

Il convenait de trouver autre chose et on fit ramer tous les hommes du même banc avec une rame unique, plus grande, le mouvement restant pratiquement inchangé. C'était la vogue *a scaloccio*, qui allait durer autant que les galères. Ce changement fut laborieux car il demanda pas loin de cinquante ans au milieu du XVIe siècle. À Lépante, en 1571, beaucoup de galères de la Sérénissime voguaient encore avec les *piccoli remi* et des rameurs libres. D'autres bâtiments, par contre, portaient déjà des chiourmes serviles. Contrairement à ce que l'on a longtemps cru, ces chiourmes voguèrent aussi *alla zenzile* mais avec un mouvement particulier. Dans l'histoire des galères, Lépante est un repère car, au cours du XVIe siècle, le bâtiment est en train de perdre sa position dominante. On fera durer les galères encore un siècle et demi mais les vaisseaux commençaient à se ranger en ordre de bataille.

## Naves et «galeazzas di mercantia»

Toute cette organisation n'a qu'un seul but : assurer la liberté des mers et le bon acheminement des cargaisons. La prospérité de Venise en dépend.

Le commerce, c'est l'affaire des bateaux ronds dont la largeur atteint aisément le tiers de la longueur. Du XIIe au XVIe siècle, le navire marchand vénitien ne sera pas fondamentalement différent du type méditerranéen de l'époque : c'est la *nave quadra* ou encore *coccha*. Si le type reste identique à lui-même, il subira en quatre siècles toute une évolution. Les avirons de gouverne cèdent la place au gouvernail axial au XIVe siècle; presque simultanément, le gréement latin traditionnel disparaît au profit d'un gréement carré à un seul mât, puis à deux et trois mâts quand la taille des navires augmente. La manœuvrabilité était à ce prix, les grands coques manœuvraient mal avec un seul «arbre».

Des raisons économiques évidentes amenèrent un accroissement du tonnage mais les *cocchas* gardèrent leurs caractéristiques propres : faible vitesse, totale dépendance du vent et manœuvrabilité réduite. On passa ainsi insensiblement d'une coque atteignant avec peine 30 mètres de longueur pour un port d'un peu plus de 100 tonnes, à des navires de près de 50 mètres portant plus de 300 tonnes. Les plus grandes de ces naves pouvaient se défendre seules en cas de mauvaise rencontre, mais les petites étaient pratiquement sans défense; elles représentaient cependant le gros de la flotte.

On tenta d'organiser des convois protégés par des galères de guerre. l'affaire était délicate à mettre au point car ces bâtiments exigeaient des ravitaillements nombreux et cela coûtait fort cher. La solution ne fut pas jugée très satisfaisante. Vers la fin du XIIIe siècle, en 1294, Demetrio Nadal, un des rares constructeurs de l'époque dont le nom soit connu, eut l'idée d'une «galère de charge» combinant la manœuvrabilité de la galère et son indépendance relative du vent avec les possibilités de charge d'un navire marchand; la galère de guerre, en effet, chargeait vraiment trop peu pour être utile au commerce. Le nouveau bâtiment avait sensiblement la taille d'une grande galère (patronne ou capitane), soit une quarantaine de mètres; elle était plus large, elle armait à deux ou trois hommes par banc voguant *alla zenzile*; les rameurs étaient des hommes libres. Le bâtiment, à gréement latin, reçut très vite à l'avant une voile de manœuvre pour l'aider lors des virements de bord. Dès le XVe siècle, le bâtiment eut deux arbres latins puis il en reçut rapidement un troisième en artimon, la «méjane» du monde latin. La *galeazza di mercantia* possédait alors une voilure imposante, gage de vitesse, et un équipage nombreux propre à la défendre. Elle remontait nettement mieux au vent que les naves. Bref, on mit au point, à prix élevé, le navire qui manquait à Venise. Les têtes pensantes vénitiennes ne laissèrent pas longtemps un tel navire sans contrôle et, dès 1350, l'Arsenal seul fut habilité à en construire (il fut agrandi pour cela). La République se réservait le droit de les louer chaque année au mieux disant. Elle suivait d'ailleurs de très près le service des navires. Partant en groupe, véritable *task force*, régies par une stricte discipline, ayant les prérogatives de salut des navires de guerre, les *galeazzas di mercantia* furent le vecteur essentiel de l'expansion de la Sérénissime. Leur rapidité et la sûreté de leurs voyages attirèrent rapidement tous les frets de grande valeur – épices, soieries, bois précieux, etc. (on parle de ballots valant 300 000 ducats).

Le nombre de *galeazzas* en service ne fut jamais très élevé, il dépassa rarement la douzaine, mais leur taille crût considérablement et, au début du XVIe siècle, elles avaient 300 tonnes de port avec une plus grande largeur. La place pour les passagers de marque était plus vaste, l'avant était défendu par un gaillard digne d'une frégate... et on ramait de moins en moins. On y vogua rapidement avec les «grandes rames», plus faciles à stocker et occupant moins de place, et *a scaloccio* bien entendu. En fait, ces galères vraiment très particulières étaient devenues des voiliers. Rapides, bien armées, la vogue ne constituait plus qu'un moteur auxiliaire occasionnel. On connaissait, certes, la valeur des chargements mais seule une flotte de guerre pouvait attaquer un groupe de *galeazzas* avec une chance de succès.

Les naves continuèrent à naviguer, mais les frets de valeur et les passagers pressés n'étaient plus leur affaire. Elles chargeaient des pondéreux, du bois, du blé et toutes les matières premières indispensables à Venise mais peu propres à attirer les convoitises.

## Des lignes commerciales régulières

Cette brève présentation du système ne donne qu'une bien faible idée de l'importance du trafic maritime qui arrivait ou qui partait de la lagune. En agence d'import-export avisée, la Sérénissime recevait tout ce qui venait d'Orient et le redistribuait vers l'Occident en prélevant au passage le prix du «service». Venise créa avec ses *galeazzas* un véritable service de «paquebots mixtes» comme nous en connaîtrons aux XIXe et XXe siècles, avec une ponctualité et une régularité qui nous étonnent encore aujourd'hui.

Les lignes d'import sont celles de l'Orient. On part vers le mois d'août pour le Levant. La plaque tournante du trafic est la place de Corfou, où les Vénitiens sont puissamment installés, Au-delà, les routes vont diverger.

Une petite partie des navires va vers «Tripoli de Barbarie», puis Tunis. On en rapportera de l'ivoire, des peaux, de la poudre d'or, de la gomme. Après quoi, les *galeazzas* se dirigent vers Alexandrie en y amenant bien souvent des marchands maures avec leur frets, ce qui constitua une source d'accrochages sans fin avec les corsaires européens ou maltais...

Le gros du convoi prend la route de Syrie en s'arrêtant à Modon, autre place vénitienne d'importance. On marque un arrêt en Crète, à Candie, puis, par Rhodes et Chypre, on aborde la terre à Saint-Jean-d'Acre pour se retrouver à Alexandrie, un des centres de négoce les plus importants des Vénitiens. On y retrouve les navires venant de Barbarie et on retourne à Venise après un trajet qui a duré six mois.

La plus longue percée vers l'Orient, c'est la route de Roumanie. Après le trajet de départ traditionnel, on contourne le Péloponnèse avec ses escales habituelles, on s'arrête ensuite à Nègrepont, comptoir vénitien évidemment, et on marque un long arrêt à Constantinople. Historiquement c'est la plus vieille route commerciale de la République, elle date de Byzance. Les Vénitiens sont particulièrement bien implantés à Constantinople… comme ils l'étaient à Byzance et ils y ont des conditions commerciales très avantageuses. Après quoi les *galeazzas* passent en mer Noire : côté sud, vers Sinople et Trébizonde, point terminal des grandes caravanes; côté nord, vers Tana, en mer d'Azov, pour y trouver des fourrures, du poisson salé, du caviar, des cuirs et des épices. Que ce soit à Alexandrie, Constantinople ou en mer Noire, ce que l'on cherche avant tout ce sont les épices que l'Europe entière attend avec impatience et qui font la richesse de la Sérénissime.

La maîtrise commerciale de Venise est telle qu'elle effectue même, en mer Noire, un trafic côtier entre les pays riverains! Il existe un circuit mixte où l'on achète et on vend, c'est celui de Barbarie, On passe par la Sicile, «Tripoli de Barbarie», Djerba (où l'on se ravitaille en bois), Tunis, puis on cabote le long des côtes jusqu'au Maroc, avec un retour par Malaga, Alicante, Valence, d'où l'on pique sur les Baléares. On prend ensuite directement la route du retour.

À l'export, dès le XVe siècle, Venise organise un parcours régulier vers la côte nord de la Méditerranée, Aigues-Mortes et Montpellier. On longe les côtes de l'Italie en y faisant escale. On part en janvier-février et le retour s'effectue par le même chemin.

Le grand trajet de l'export et le plus prestigieux est celui des galères des Flandres. Il dure souvent un an et dans certains cas les convois se suivent à six mois. Venise entretient des relations commerciales avec les Flandres depuis longtemps, par terre au début, à travers les grandes foires de Champagne, mais la voie maritime reste prépondérante. Après un arrêt à Palerme, on pique droit sur Gibraltar, avec arrêt à Malaga ou Alicante. Dans l'Atlantique, on escalera à Cadix et Lisbonne et on piquera ensuite directement vers le sud de l'Angleterre, sans aucune escale sur les côtes de France. On appréciera la tenue à la mer des grandes galéasses en sachant qu'elles affronteront l'Atlantique pratiquement par tous les temps. C'est la grande voie de l'export qui s'achève à Bruges ou à Londres suivant le cas. Au terminal de Bruges, on peut rester trois mois à commercer. On repasse à Londres pour rejoindre le reste du groupe. Le retour s'effectue par la même voie. La régularité du système et tout ce que sous-entend son maintien durera plus de trois siècles. Compte tenu des moyens de l'époque on ne peut qu'admirer sans réserve.

Le système s'écroulera au XVIe siècle. Avec l'artillerie et une meilleure voilure, les naves ont regagné du terrain. En 1514, Venise les autorise à charger de nouveau des épices… ce qui est un signe qui ne trompe pas. Le 22 mai 1532, une grande galéasse quitte Southampton pour Venise… elle ne devait jamais revenir. Les Portugais, avec une persévérance de plus de cinq générations, avaient ouvert une nouvelle route des épices.

René Burlet,
mai 2000

# BIBLIOGRAPHIE

- Aymard, M., *Venise, Raguse et le commerce du blé pendant la seconde moitié du XVIᵉ siècle*, Paris, S.E.V.P.E.N., 1966.
- Braudel, F., *La Méditerranée et le monde méditerranéen à l'époque de Philippe II*, Paris, Armand Colin, 1985, 6ᵉ édition.
- Braunstein, P. et Delort, R., *Venise, portrait historique d'une cité*, Paris, Seuil, 1971.
- Collectif, *Quand voguaient les galères*, Paris, Association des amis du musée de la Marine, 1990.
- Collectif, *Venise 1500*, Paris, Autrement, 1993.
- Collectif, *Venise*, Guide Gallimard.
- Crouzet-Pavan, E., *«Sopra le acque salse» : espace urbain, pouvoir et société à Venise à la fin du Moyen Age*, 2 vol., École française de Rome, 1992.
- Doumerc, B., *Venise et l'émirat hafside de Tunis (1231-1535)*, Paris, L'Harmattan, 1999.
- Georgelin, J., *Venise au siècle des Lumières : 1669-1797*, Paris, Éditions de l'EHESS, 1978.
- Guilleux La Rouërie, *Navires et marins de la rame à l'hélice*, Paris, 1946.
- Hocquet, J.-C., *Le Sel et la fortune de Venise*, 2 vol., Presses universitaires de Lille, 1978-1979, réédition 1982.
- Jal, A., *Archéologie navale*, Paris, 1840.
- Jonard, N., *La Vie quotidienne à Venise au XVIIIᵉ siècle*, Paris, Hachette, 1965.
- Jurien de La Gravière, J. B., *La Guerre de Chypre et la bataille de Lépante*, Paris, Plon, 1888.
- Jurien de La Gravière, J. B., *Les Derniers Jours de la marine à rames*, Paris, 1885.
- Lane, F.-C., *Navires et constructeurs à Venise pendant la Renaissance*, Paris, S.E.V.P.E.N., 1965.
- Lane, F.-C., *Venise, une république maritime*, Paris, Flammarion, 1986.
- Lesure, M. *Lépante, la crise de l'Empire ottoman*, Paris, Julliard-Gallimard, coll. Archives, 1972.
- Mantran, R., *Histoire de l'Empire ottoman*, Paris, Fayard, 1989.
- Monnier, P., *Venise au XVIIIᵉ siècle*, Bruxelles, Complexe, 1982.
- Rubin de Cervin, G.-B., *Bateaux et batellerie de Venise*, Lausanne-Paris, Édita, 1978.
- Tenenti, A., *Cristoforo da Canal, la marine vénitienne avant Lépante*, Paris, S.E.V.P.E.N., 1962.
- Thiriet, F., *La Romanie vénitienne au Moyen Age. Le développement et l'exploitation du domaine colonial vénitien (XIIᵉ-XVᵉ siècle)*, Bibliothèque des Écoles françaises d'Athènes et de Rome, 1959, réédition De Boccard, 1975.
- Thiriet, F., *Histoire de Venise*, Paris, PUF, 1985.
- Zorzi, A., *La République du lion. Histoire de Venise*, Paris, Perrin, 1988, réédition Payot, 1996.

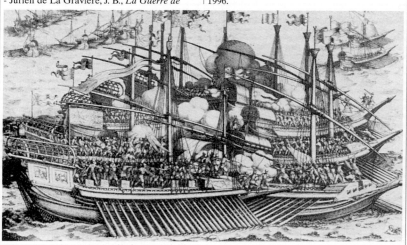

Museo Civico Correr, Venise.
54-55 Enseigne d'un atelier de l'Arsenal. Museo Civico Correr, Venise.

## CHAPITRE 3

56 *La Bataille de Lépante*, peinture, XVIIᵉ siècle. Église de Monêtier-les-Bains, Hautes-Alpes.
57 *Le Grand Seigneur sultan Selim*. BnF, Paris.
58 *Plan du siège de Constantinople* par Mehmed II, mss. fr. 6487. BnF, Paris.
59 *Portrait de Barberousse* par Nigari, miniature H 2134/9. Palais de Topkapi, Müzesi Müdürlügü, Istanbul.
60-61h *Histoire du siège de Rhodes par les Turcs* de Caoursin, mss. lat. 6067. BnF, Paris.
61b *Nautonier et soldat turc sur mer*, BnF, Paris.
62-63 *Carte de la mer Méditerranée* par François Ollive, Marseille, 1662. BnF, Paris.
64h *Portrait de Pie V*, peinture anonyme du XVIᵉ siècle. Musée de Piacenza.
64-65b *Pie V et Philippe d'Espagne en 1571* in *Habiti d'Huomeri et donne Venetia*, 1642. BnF, Paris.
65h *Philippe II*, par Titien. Galerie Pitti, Florence.
66-67 *La flotte ottomane entre dans le port de Gênes*,

manuscrit «*Suleyname*» par Nasuh al Matraki. Palais de Topkapi, Istanbul.
68 *Combats de galères turques en mer Méditerranée*, miniature A. 3595. Palais de Topkapi, Müzesi Müdürlügü, Istanbul.
69 *Sebastiano Venerio*, peinture de Tintoret, XVIᵉ siècle. Kunsthistorisches Museum, Vienne.
71 *Bataille de Lépante*. Galeries des Cartes, Musées du Vatican.
72-73 *Bataille de Lépante*, peinture anonyme. National Maritime Museum, Greenwich.
73 *Portrait de don Juan d'Autriche*, gravure sur bois d'Antonij van Leest, fin XVIᵉ siècle.
74-75 *La bataille*

*de Lépante*, École vénitienne du XVIIᵉ siècle. Museo Civico Correr, Venise.
76-77 *Bataille de Lépante*, peinture de Micheli, XVIᵉ siècle. Palais des Doges, Venise.
78-79h *Allégorie de la bataille de Lépante*, peinture de Véronèse. Galeries de l'Académie, Venise.
78-79b Sculptures en bois représentant des Turcs enchaînés montées sur la galère de combat du doge Francesco Morosini. Musée naval, Venise.

## CHAPITRE 4

80 *Le Doge se rendant à Santa Maria della Salute*, vers 1770, peinture sur toile de Francesco Guardi. Musée du Louvre, Paris.

81 Bas-relief de l'église santa Maria del Giglio représentant la forteresse vénitienne de Candie, deuxième moitié du XVIIᵉ siècle.
82h *Plan perspective de l'arsenal* de G. M. Maffioletti, 1798. Bibliothèque municipale, Trieste.
82b *Architecte naval*, illustration in *Abiti de' Veneziani* de Giovanni Grevembroch, manuscrit Gradenigo, XVIIIᵉ siècle. Museo Civico Correr, Venise.
83 *Les Chantiers du nouvel arsenal*, F. Zucchi, gravure in *Il forestiero illuminato*, Venise, 1740.
84h *Ouvrier de l'arsenal chargé de la lutte anti-incendie* in *Abiti de' Veneziani* de Giovanni Grevembroch, manuscrit Gradenigo, XVIIIᵉ siècle. Museo Civico Correr, Venise.
84b *Calfatins*, enseigne du corps de métier des calafati. Museo Civico Correr, Venise.
85h *Contremaître à l'arsenal* in *Habiti antichi et moderni di tutto il mondo*, 1598, de Cesare Vecellio.
85b Fabrication des rames, enseigne du corps de métiers des *remeri*. Museo Civico Correr, Venise.
86 *Le Triomphe de Venise*, peinture de Jacopo Palma

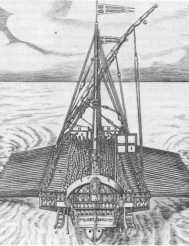

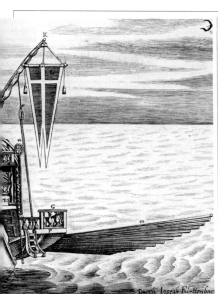

Durch Joseph Kirstenbach

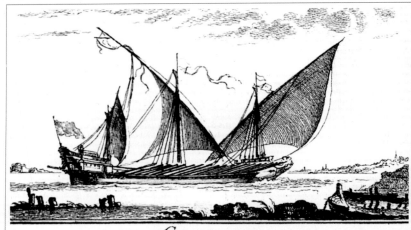

## GALEASSE

*Les Galeasses, sont de tres grands Bâtiments, qui vont a voiles et a rames; leur longueur, est de 160, à 170, pieds, la largeur, de 30, à 34, et le creux de 10, à 12. Ces Bâtiments, portent leur grosse artillerie à la poupe et à la proüe; les canons de petit calibre, se placent sur les flancs, entre les bancs des rameurs, on n'a point rendu ce détail ici parceque la Figure est trop petite pour cela.*

# CRÉDITS PHOTOGRAPHIQUES

Akademische Druck- und Verlagsanstalt, Graz 36-37. Archives départementales, Marseille 56. Archives Électa, Milan 82h, 83, 101h, 101b, 108-109. Archives Gallimard Jeunesse 1er plat, dos, 2e plat, 44, 118, 119, 123, 136, 139, 140-141, 142. AKG, Paris 73. AKG/Cameraphoto, Paris 110-111b. Bibliothèque nationale de France, Paris 1, 2, 3, 4, 5, 6, 7, 11, 13h, 16h, 21, 38-39, 43, 47b, 57, 58, 60-61h, 61b, 62-63, 64-65b, 66-67g, 143. Dagli Orti, Paris 66-67, 100. DR 81, 85h, 86, 86-87, 87, 92, 103, 106, 107, 110-111h. Édigraphie 28-29. Édimages 14. E. T. Archive, Londres 28. Filippi Editore, Venise 113, 121. Pierre de Hugo © Gallimard/Larousse 44-45. Magnum/Erich Lessing 9, 16-17b, 19, 20, 22-23, 24-25, 31, 32, 33, 34, 46, 50-51, 69, 78-79h, 78-79b. Musée Civico Correr, Venise 82b, 84h, 85b, 88, 89, 91, 94-95, 96-97, 98-99, 102. Musée du Louvre, Paris 80. Musée Storico Navale, Venise 104, 105. National Maritime Museum, Greenwich 30, 72-73. Scala, 10, 12, 13b, 15, 27, 40-41h, 48-49, 50b, 52-53,54-55, 64h, 65h, 71, 74-75, 76-77. Topkapi Sarayi Muzesi Müdürlügü, Istanbul 59, 67d, 68.

# REMERCIEMENTS

Les Éditions Gallimard remercient Martine Buysschaert et Fransceca Malerba.

# ÉDITION ET FABRICATION

**DÉCOUVERTES GALLIMARD**
COLLECTION CONÇUE PAR Pierre Marchand. DIRECTION Elisabeth de Farcy.
COORDINATION ÉDITORIALE Anne Lemaire. GRAPHISME Alain Gouessant.
COORDINATION ICONOGRAPHIQUE Isabelle de Latour. SUIVI DE PRODUCTION Fabienne Brifault.
SUIVI DE PARTENARIAT Madeleine Giai-Levra. RESPONSABLE COMMUNICATION ET PRESSE Valérie Tolstoï. PRESSE David Ducreux et Alain Deroudilhe.
**VENISE, LA SÉRÉNISSIME ET LA MER**
ÉDITION Claire d'Harcourt et Charlotte Ecorcheville. ICONOGRAPHIE Pierre Pitrou.
MAQUETTE Alain Gouessant et Valentina Léporé. LECTURE-CORRECTION Pierre Granet et Catherine Lévine. TRADUCTION DE L'ITALIEN DU CHAPITRE 4 Françoise Liffran.
PHOTOGRAVURE Arc-en-Ciel.

André Zysberg est agrégé d'histoire et docteur d'État ès lettres. Après avoir été chercheur au CNRS, il est actuellement professeur d'histoire moderne à l'Université de Caen. Il a publié plusieurs ouvrages, dont *Mémoires d'un galérien du Roi-Soleil* (Mercure de France, 1982); *Marseille au temps des galères* (Rivages, 1983), *Les Galériens* (Seuil, 1987) et *L'Essor des marines de guerre européennes* avec Martine Acerra (SEDES, 1997). Il développe également des études sur les applications de l'informatique à la recherche historique.

René Burlet, ingénieur des pétroles, docteur en ergonomie, a toujours pratiqué la peinture de marine et le portrait de bateaux. Ceci l'a conduit à s'intéresser à l'architecture navale ancienne. Il effectue actuellement des recherches sur les galères et les navires du XVIe siècle. Il est conférencier à l'École d'Architecture navale de Nantes, et membre de la Commission d'Histoire Maritime, à Paris. Outre des articles dans les revues *Neptunia*, *Chasse-Marée* et *Historia*, il a participé aux ouvrages collectifs *The Age of the Galley* et *Greek and Roman Oared Ships*. Il est l'auteur de *Les Galères au musée de la Marine* (à paraître).

Sabina Viannello a apporté sa collaboration au chapitre 4. Elle est historienne de l'Art, spécialisée dans la gestion didactique des musées.

1er *Dépôt légal : juin 2000*
*Dépôt légal : septembre 2006*
*Numéro d'édition : 139113*
*ISBN : 2-07-053519-3*
*Imprimé en Italie par Editoriale-Lloyd*